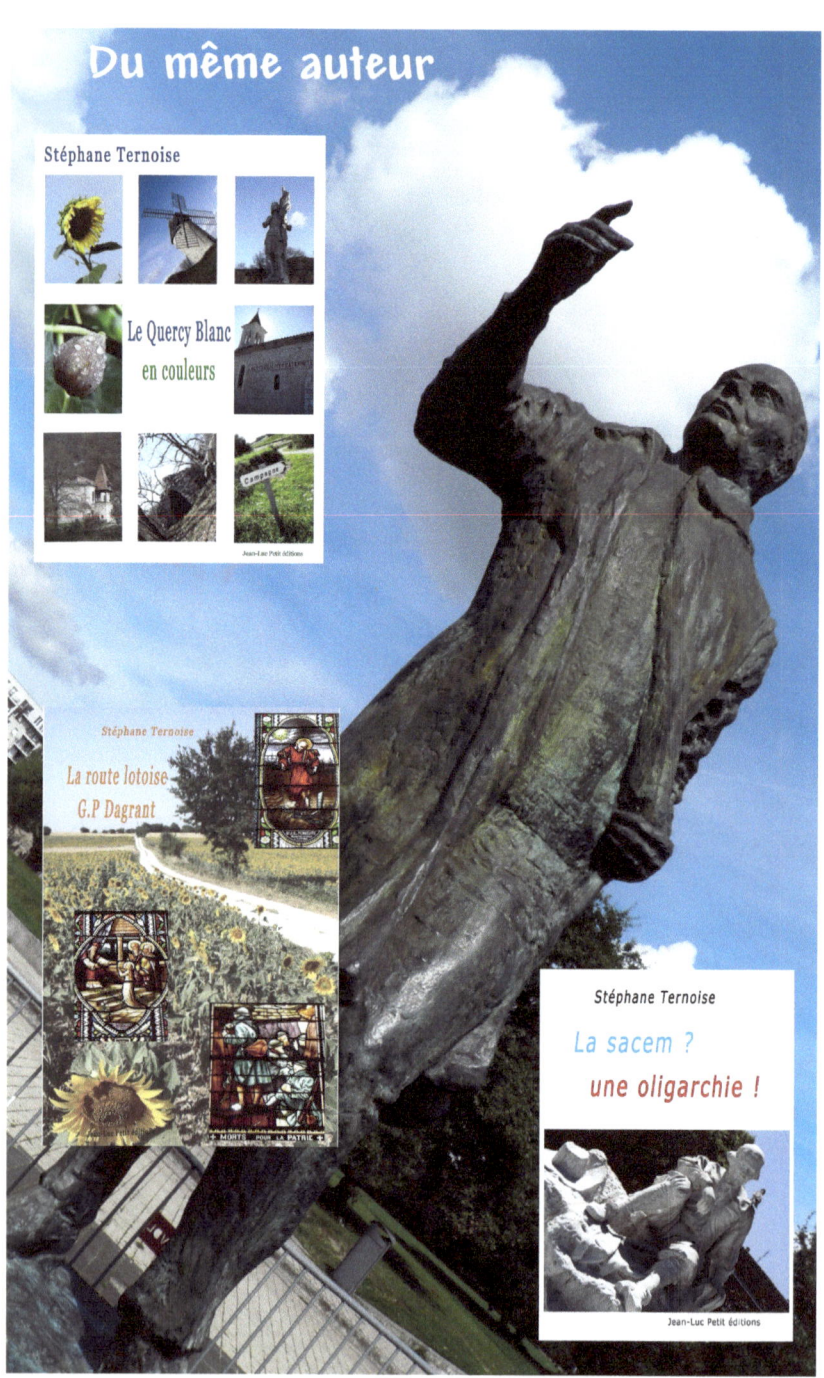

Montaigu de Quercy,
en couleurs

Romans

Le Roman de la Révolution Numérique
Ils ne sont pas intervenus (le livre des conséquences)
Le roman du show-biz et de la sagesse
Quand les familles sans toit sont entrées dans les maisons fermées
Liberté j'ignorais tant de Toi
Viré, viré, viré, même viré du Rmi !

Théâtre

Neuf femmes et la star
Les secrets de maître Pierre, notaire de campagne
Ça magouille aux assurances
Chanteur, écrivain : même cirque
Deux sœurs et un contrôle fiscal
Amour, sud et chansons
Pourquoi est-il venu :
Aventures d'écrivains régionaux
Avant les élections présidentielles
Scènes de campagne, scènes du Quercy
Blaise Pascal serait webmaster
Trois femmes et un Amour
J'avais 25 ans
Le petit empereur veut fusionner les villages
La fille aux 200 doudous

Essais

Les villages doivent disparaître !
La sacem ? une oligarchie !
Écrivains, réveillez-vous !
Loi sur la Copie privée : inconstitutionnelle ou gestion illégale ?
Le manifeste de l'auto-édition

Photos

Le Quercy Blanc, en couleurs
Cahors, 42 inscriptions aux Monuments Historiques

* extrait du catalogue, voir www.ternoise.net

Stéphane Ternoise

Montaigu de Quercy, en couleurs

Jean-Luc Petit éditeur - Collection photos

L'éditeur versant lotois :

http://www.lotois.fr

Tout simplement et logiquement !

Tous droits de traduction, de reproduction, d'utilisation, d'interprétation et d'adaptation réservés pour tous pays, pour toutes planètes, pour tous univers.

Site officiel : http://www.ecrivain.pro

© Jean-Luc PETIT - BP 17 - 46800 Montcuq – France

Montaigu de Quercy, en couleurs

Montaigu de Quercy, ses onze églises aux merveilleux vitraux, ses moulins (oui celui de Bagor, à la limite du département lotois, est bien implanté sur le territoire), ses rues, ses pierres, ses pigeonniers... Sa nature, ses chats, chiens, chevaux... et ceux de passage...

Sur les routes, d'*Aurignac* à *Soussis*, près de 22 kilomètres, en passant par Couloussac, Bonneval, Gouts, Bournac, Auriac, Pervillac, Ste Cécile et St Vincent... et naturellement le cœur du village

126 photos, en couleur...

Stéphane Ternoise
Lotois mais si souvent à Montaigu...

« Montaigu de Quercy est ainsi... Bientôt la réforme des *communes nouvelles* élargira peut-être les limites du territoire... Jusqu'à en changer le nom ? Tout est possible, rien n'est certain... Face à l'Histoire en mouvement, l'appareil photo permet de témoigner... J'ai une tendresse particulière pour Gayetant Texidor, son étonnant tableau en l'église Saint Martin de Bournazel mériterait un livre à lui tout seul...»

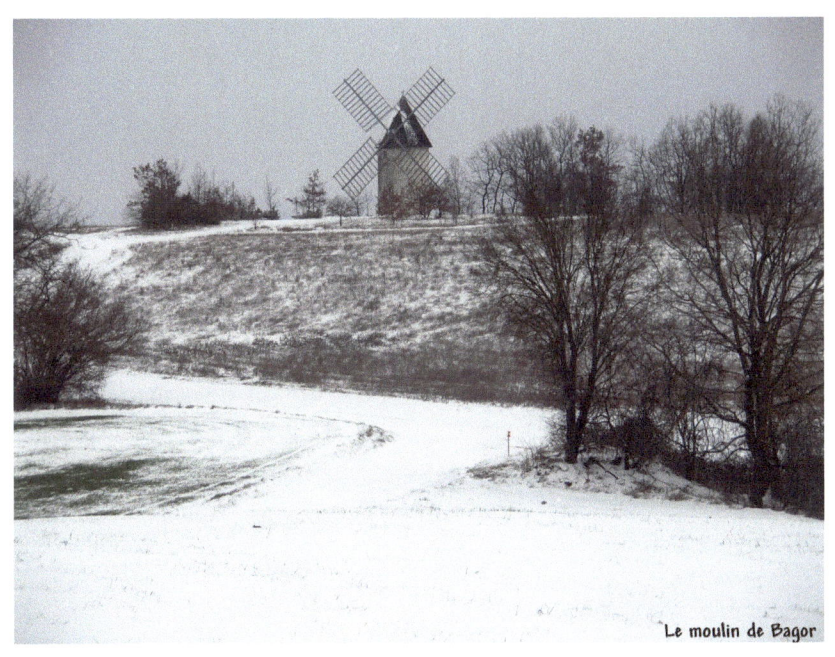
Le moulin de Bagor

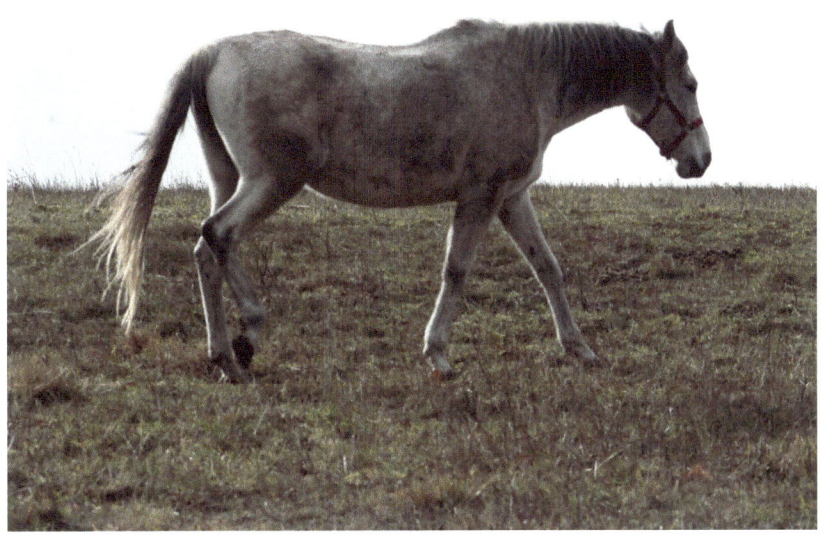
Un cheval anonyme…

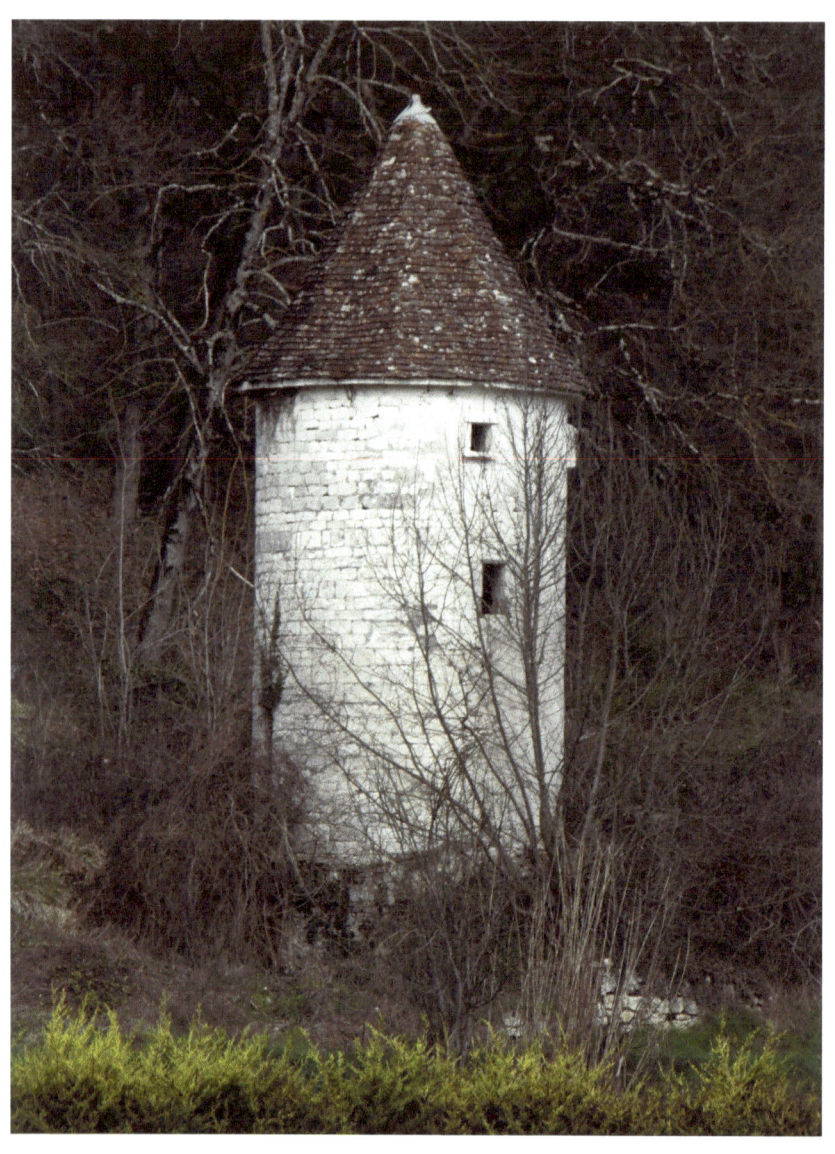

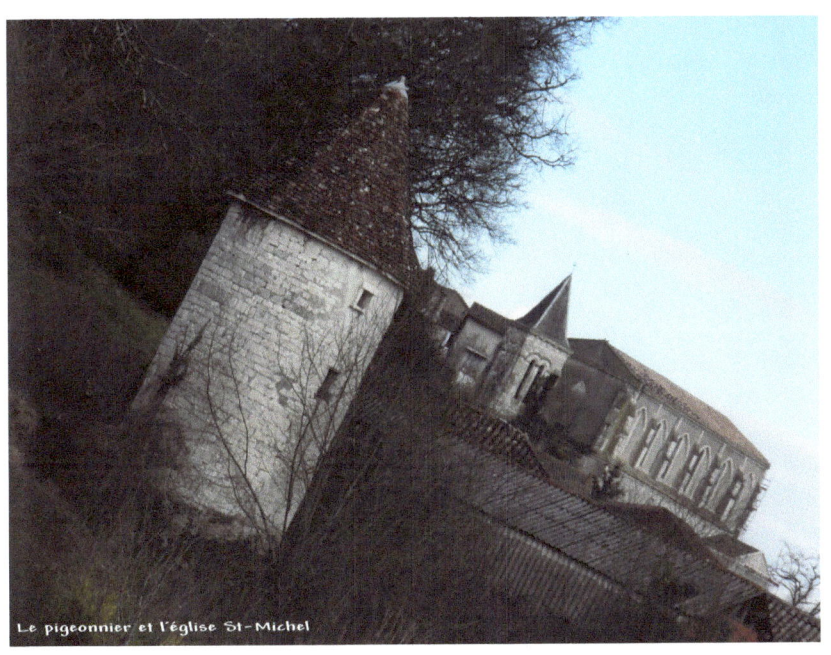
Le pigeonnier et l'église St-Michel

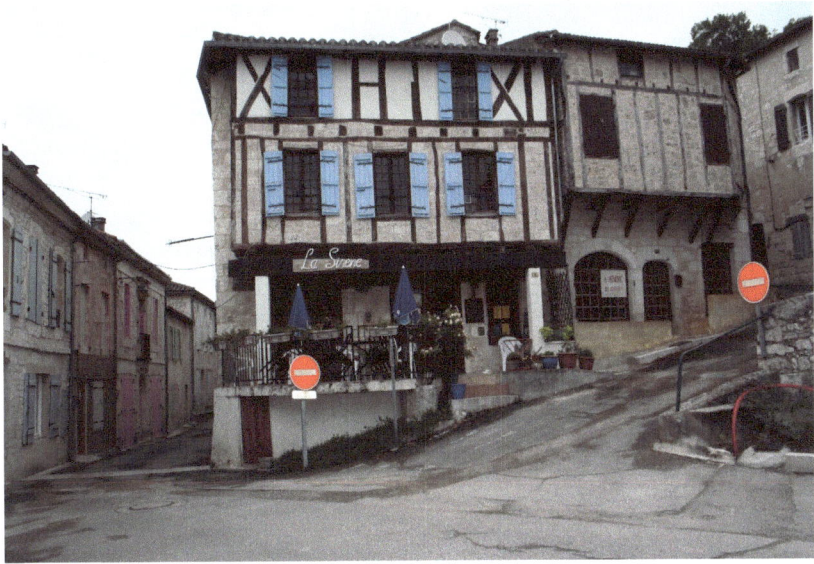

Sur la place de l'église St-Michel, celle de la maire, "en haut" du village, là où un château exista.

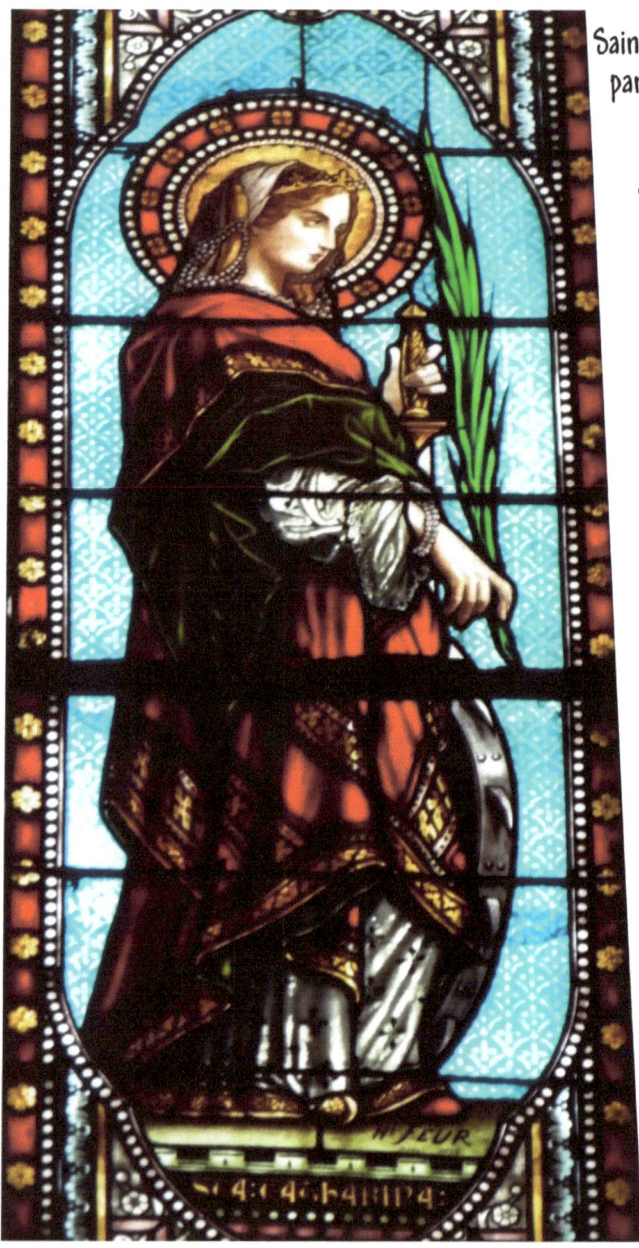

Sainte Catherine par Henri Feur en 1899, église Saint-Michel

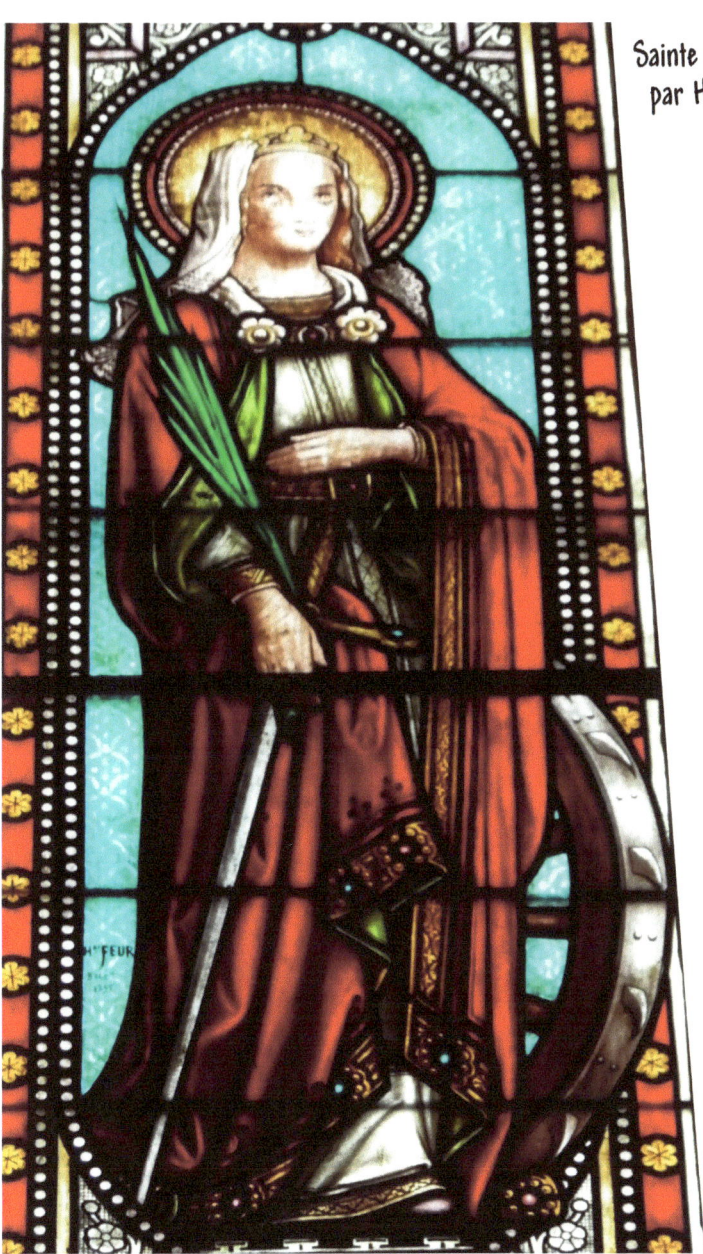

Sainte Catherine par Henri Feur en 1898, église de Gouts

À Gouts, le temps a marqué les couleurs bien plus qu'à Ste Cécile ou au cœur haut du village. Pourquoi ? Le vent, l'humidité ?

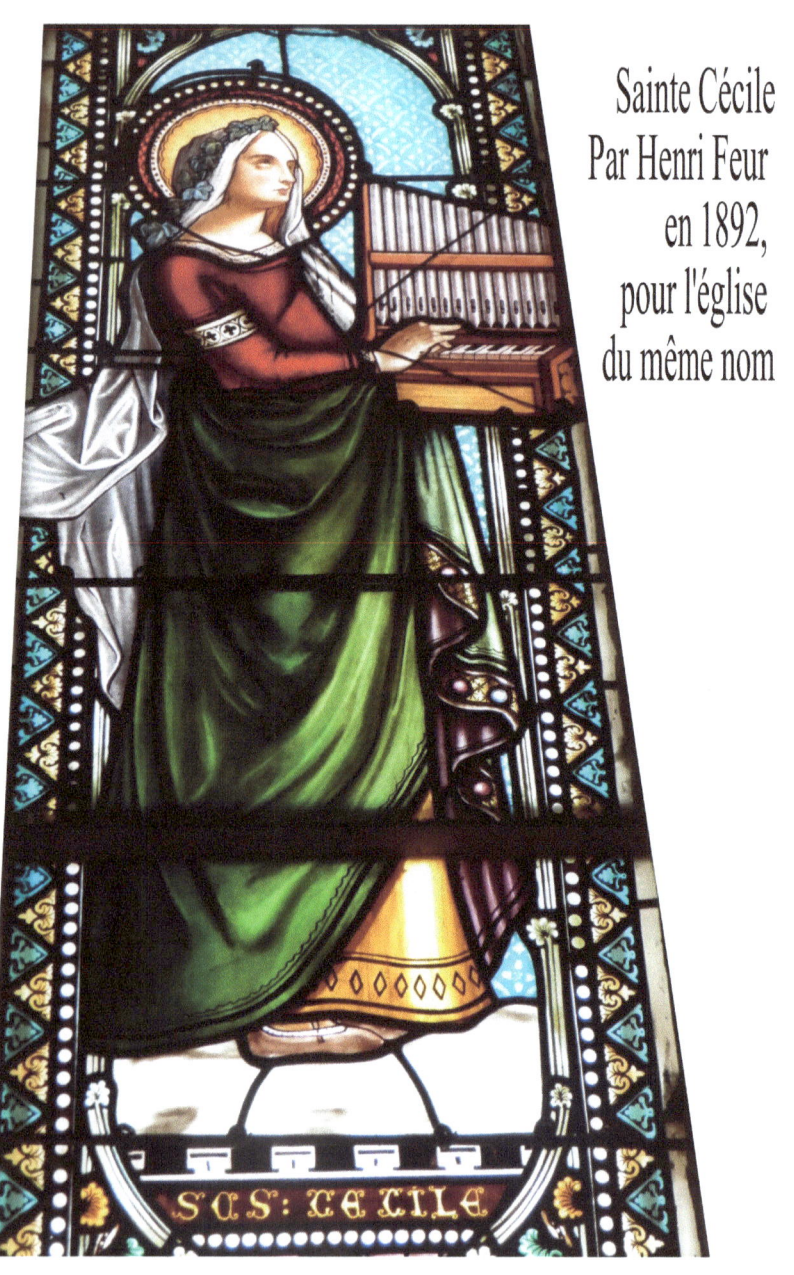

Sainte Cécile
Par Henri Feur
en 1892,
pour l'église
du même nom

Les vitraux de ces trois églises furent réalisés par un maître-verrier essentiel de la fin du 19e, Henri Feur, de Bordeaux.

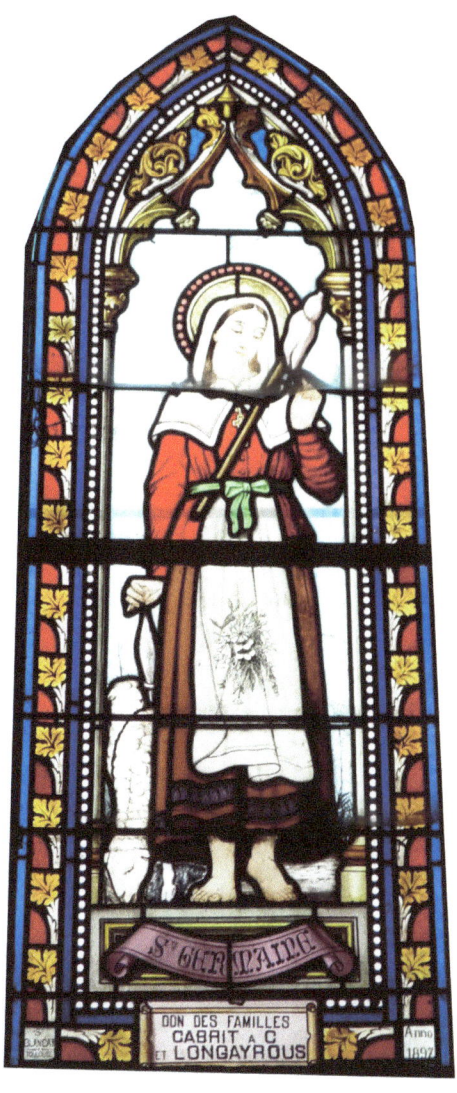

À St Vincent : le travail de St Blancat, de Toulouse. 1897. Une représentation de notre "voisine" Sainte Germaine.

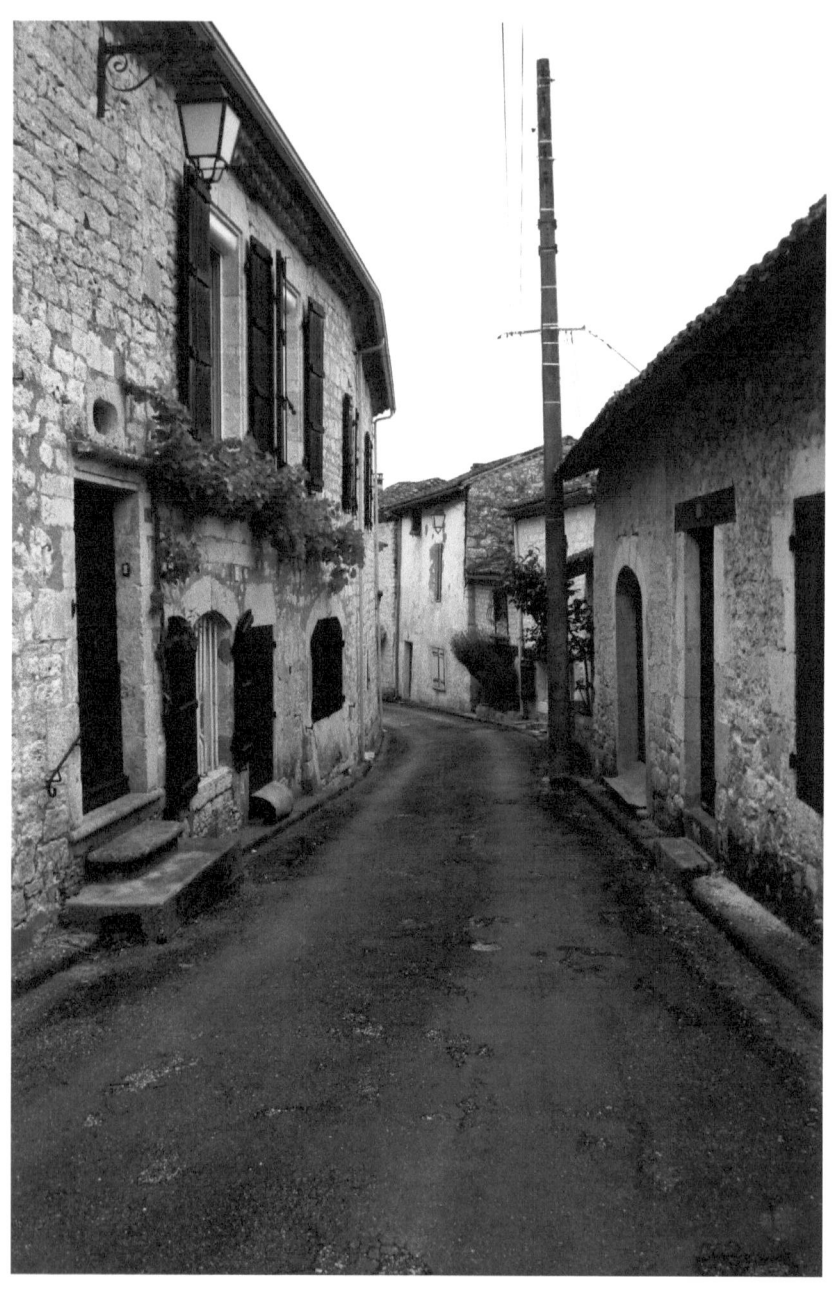

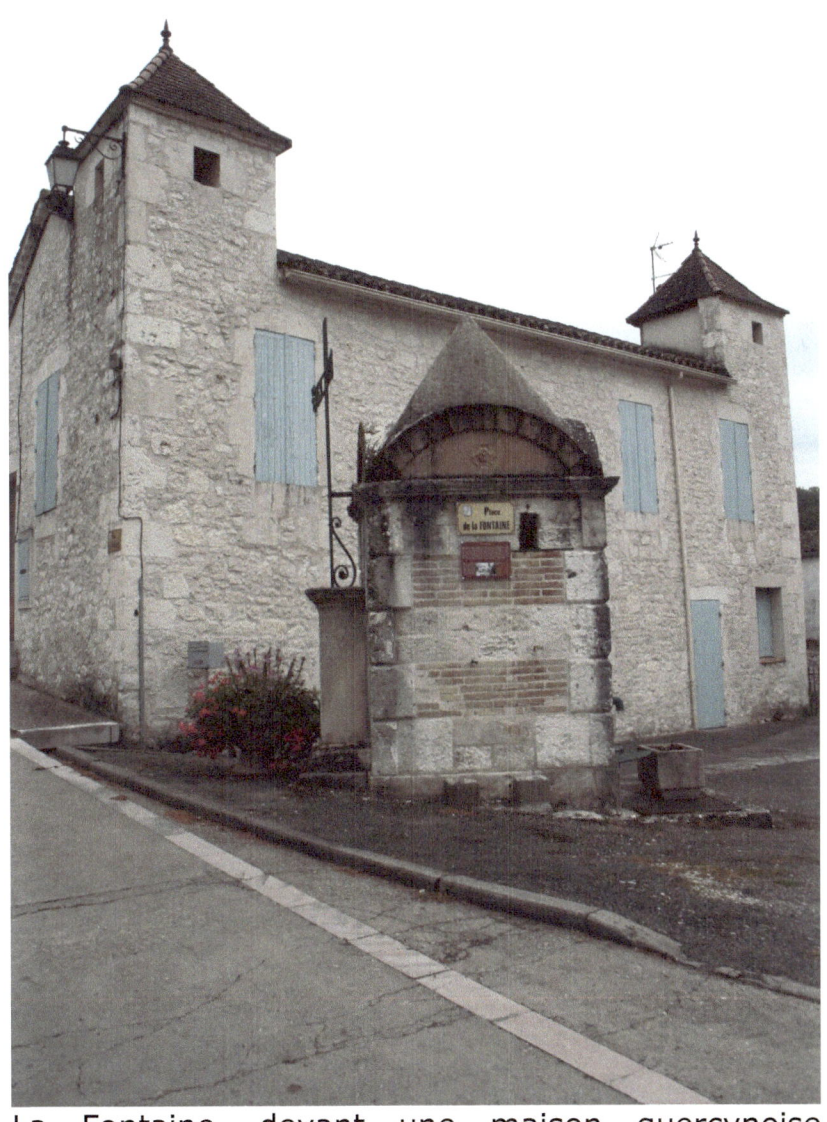

La Fontaine, devant une maison quercynoise traditionnelle avec deux tours pigeonniers aux extrémités.

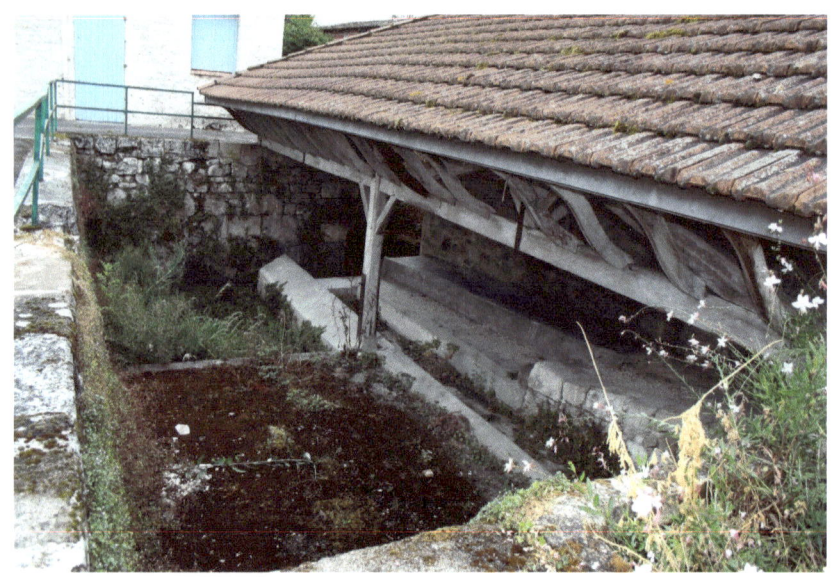

La Fontaine, jusqu'aux années 1950 fut le vrai centre du village... En contrebas, le lavoir... Il mériterait un peu d'attention...

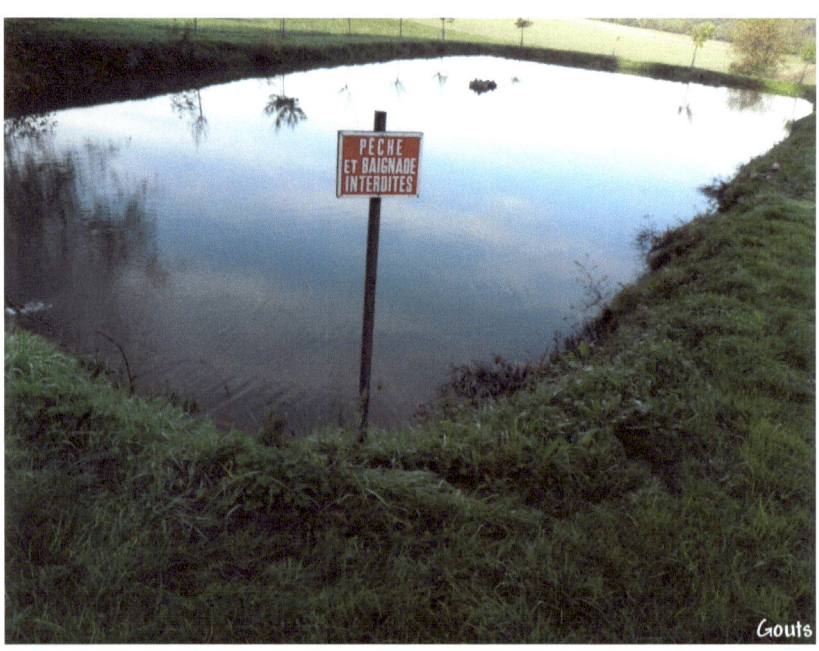

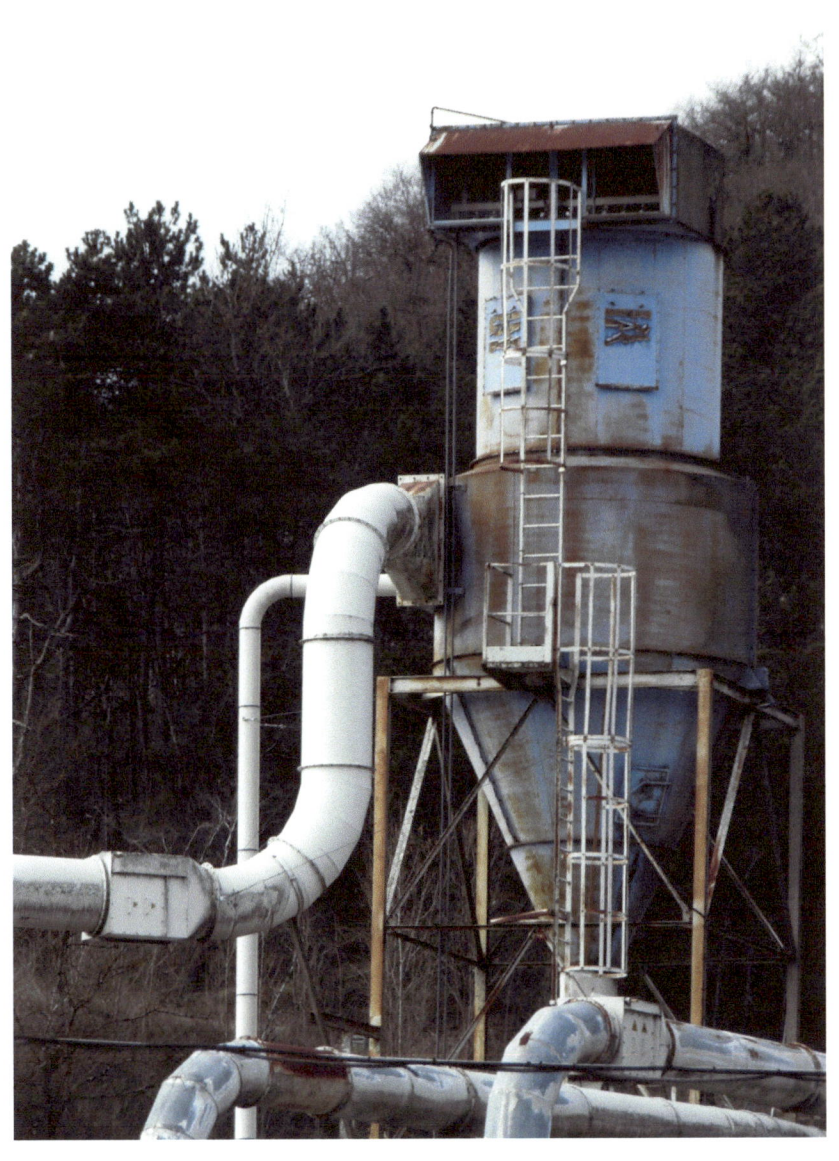

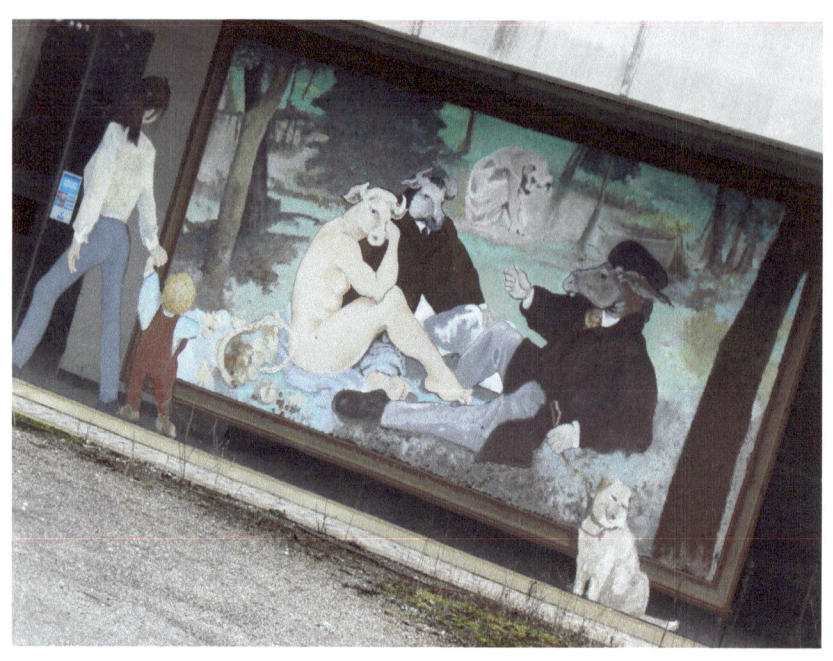

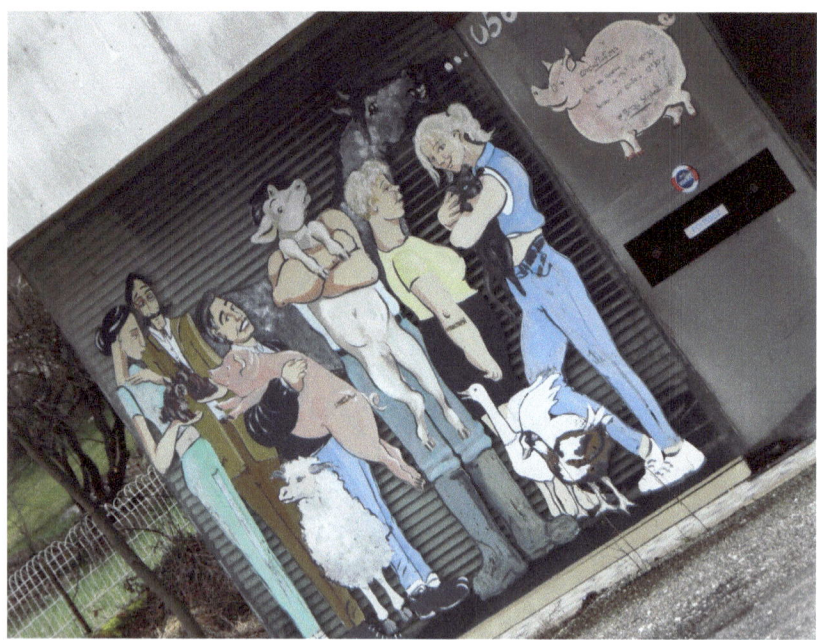

Ce décor semble condamné, le cabinet du vétérinaire a déménagé...

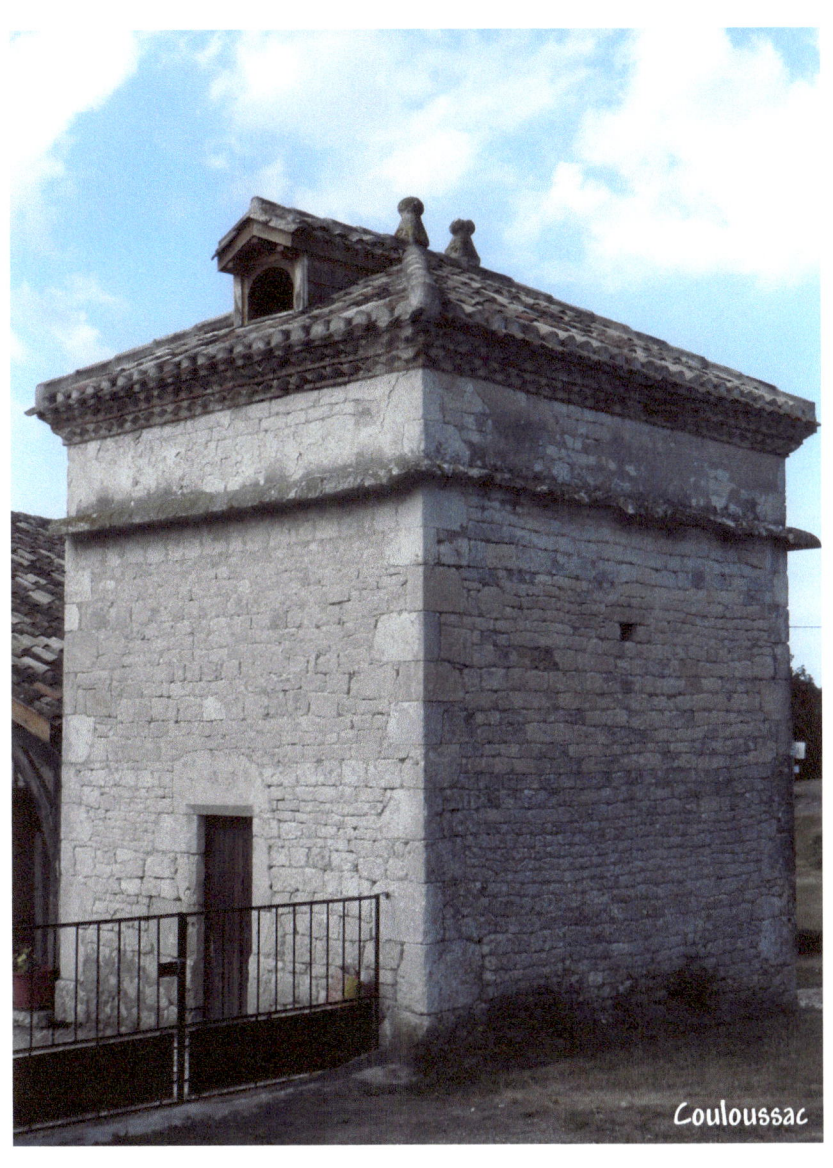

Ceci est un pigeonnier !

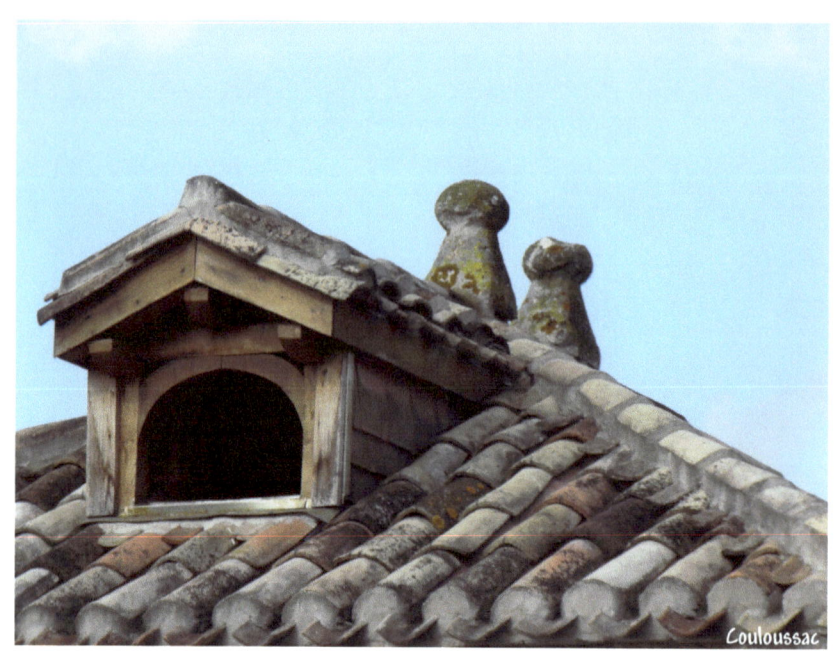

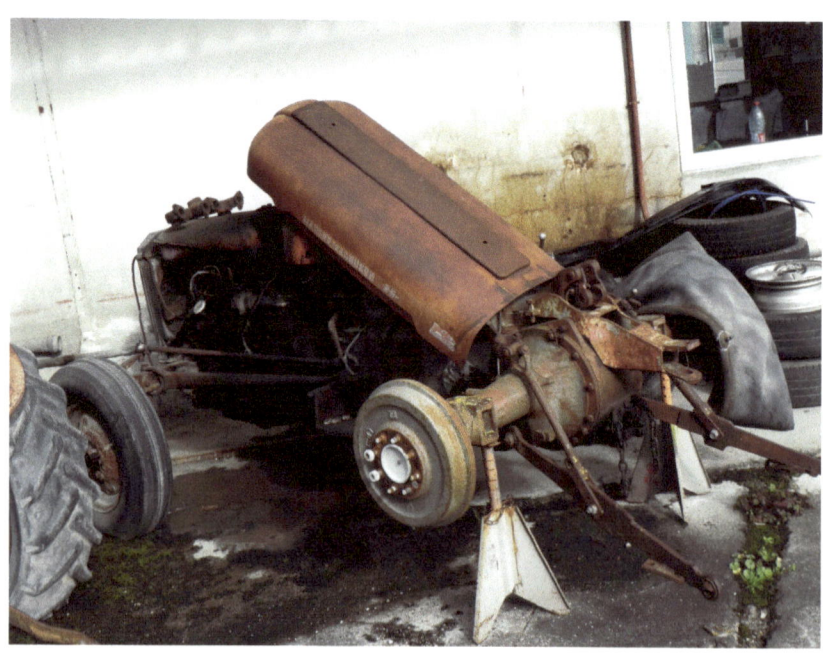

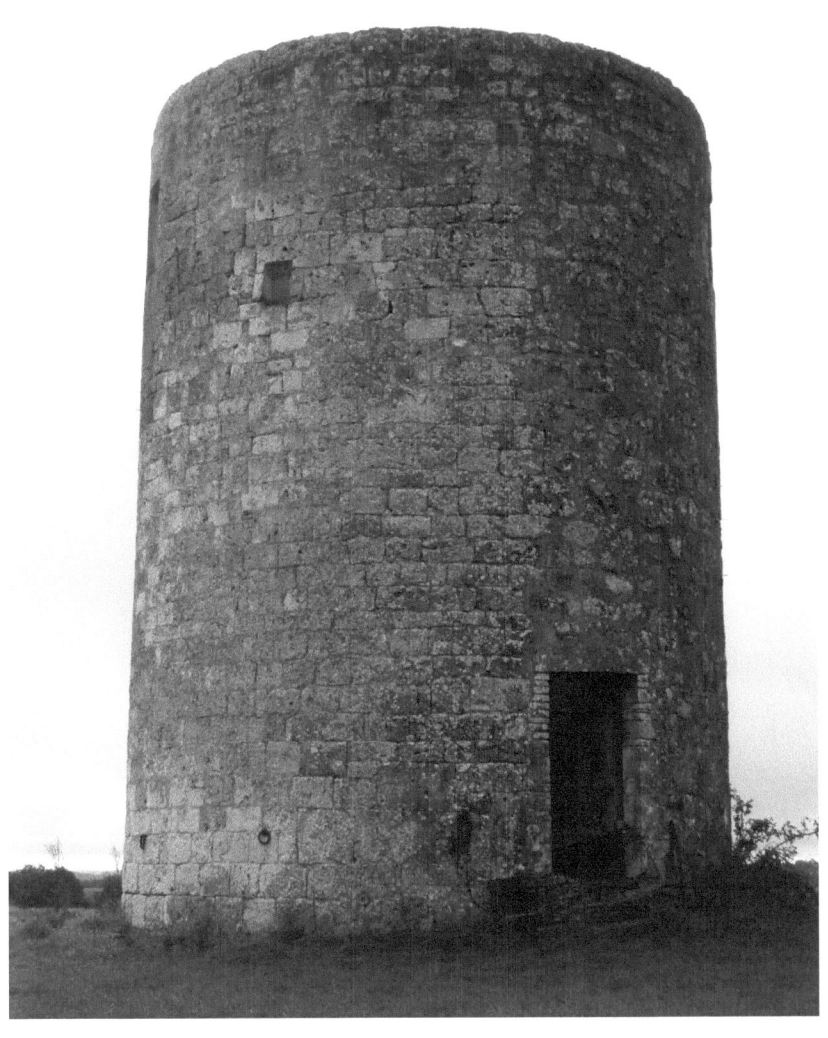

À St Cécile, un moulin tournait également...

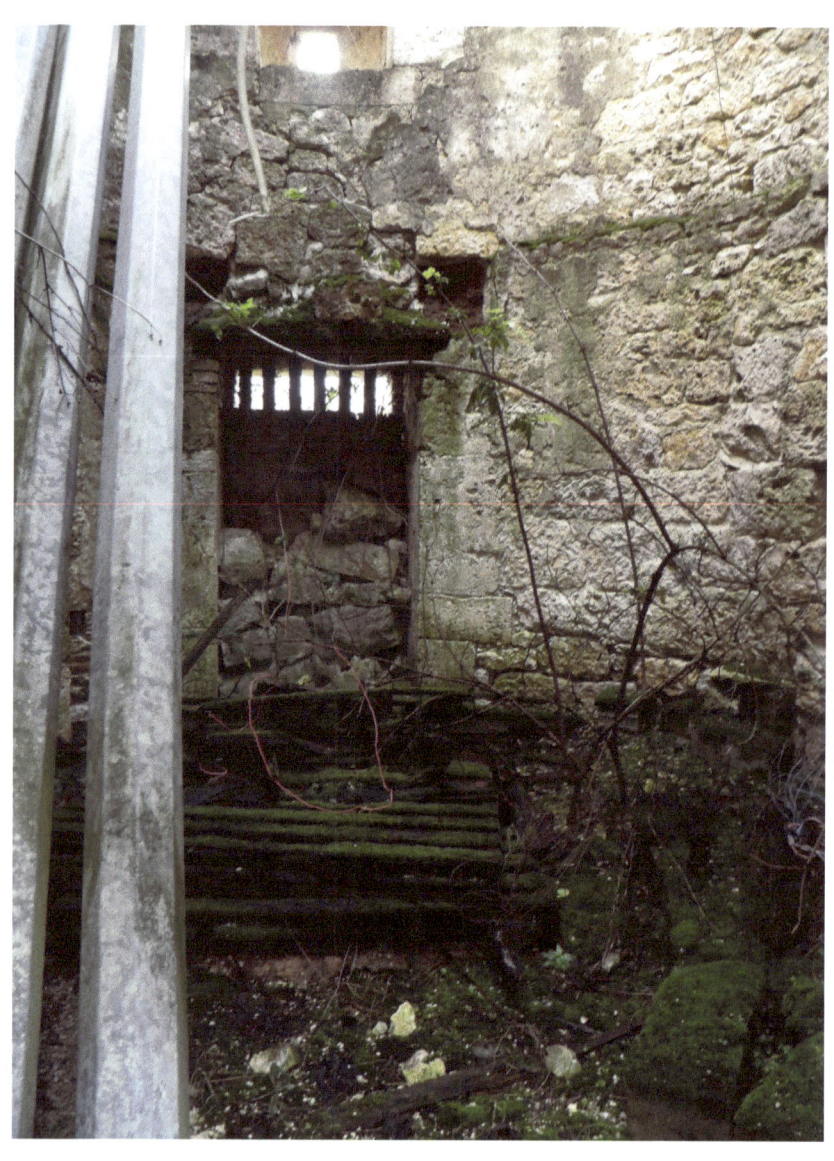

Sa porte était ouverte...

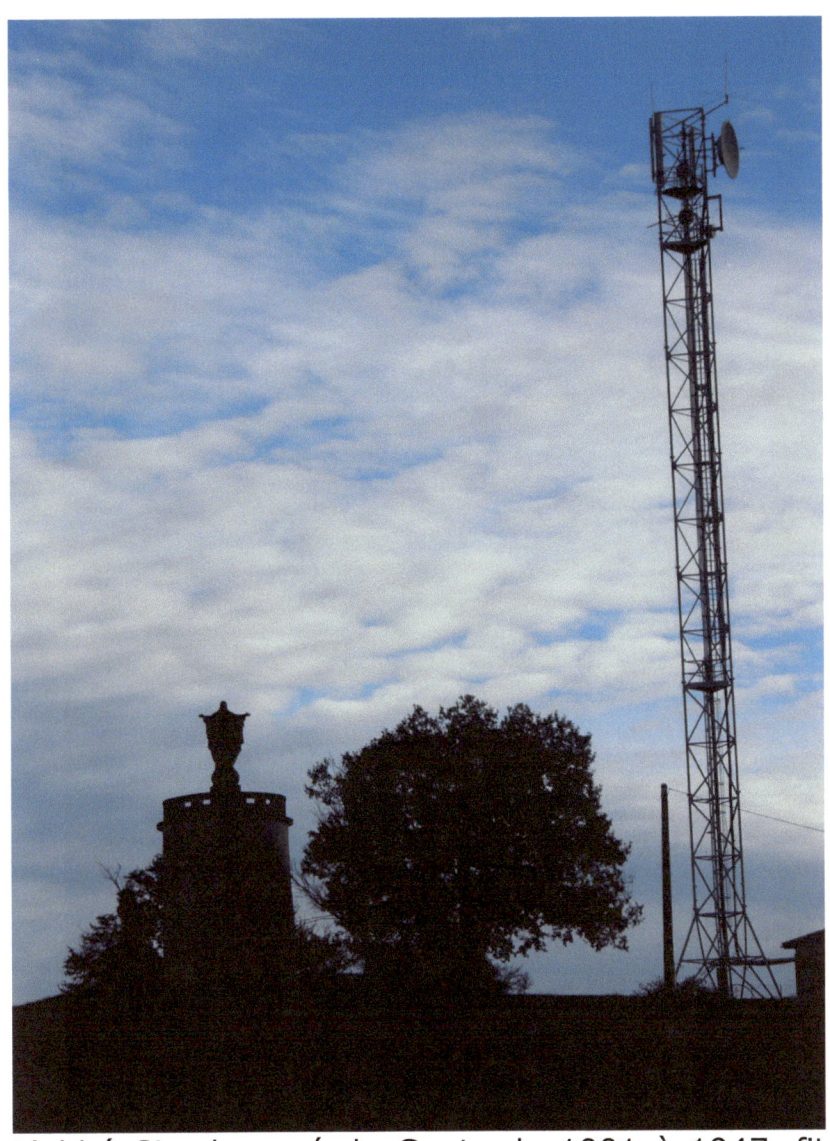

L'abbé Sirech, curé de Gouts de 1901 à 1947, fit ériger une massive statue dite "du Sacré-Coeur" sur un ancien moulin à vent. Monseigneur Clément Emile Roques, évêque de Montauban, inaugura cette surprenante composition le 19 août 1931. Depuis, la parabole dépasse largement l'édifice...

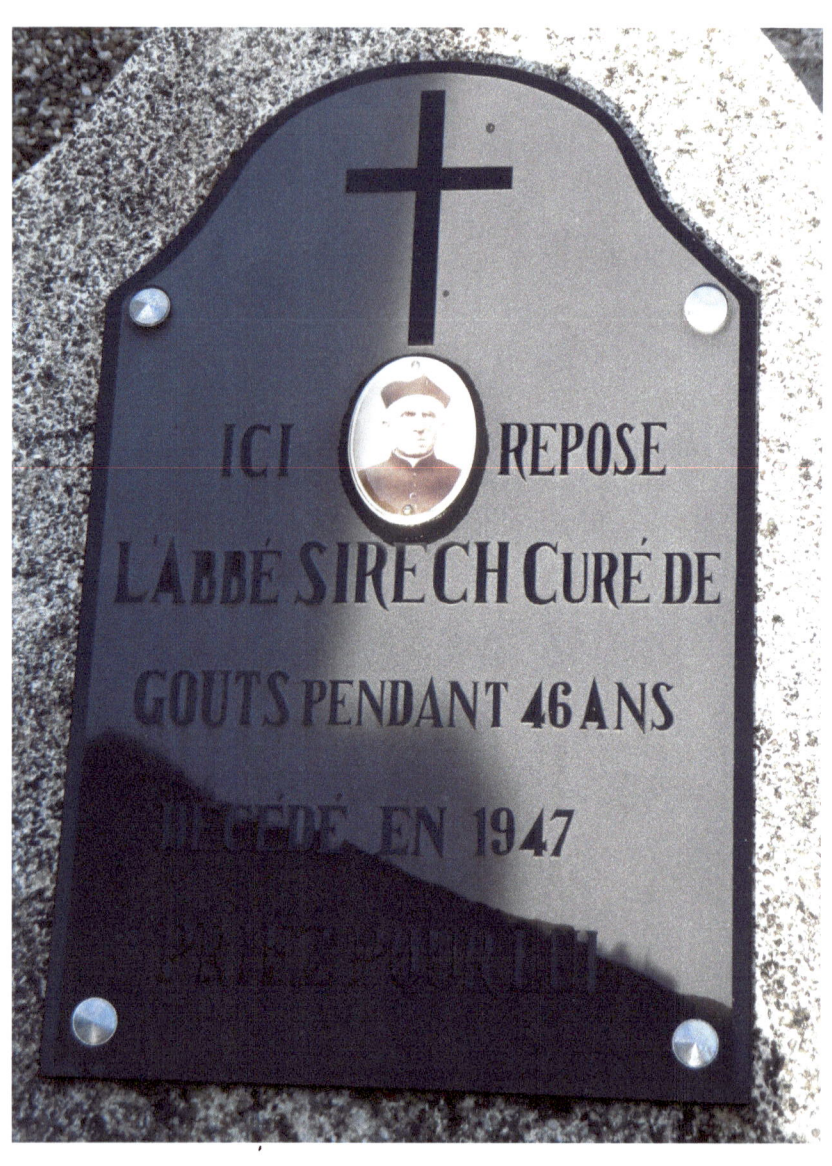

L'abbé Sirech, toujours dans son cimetière...

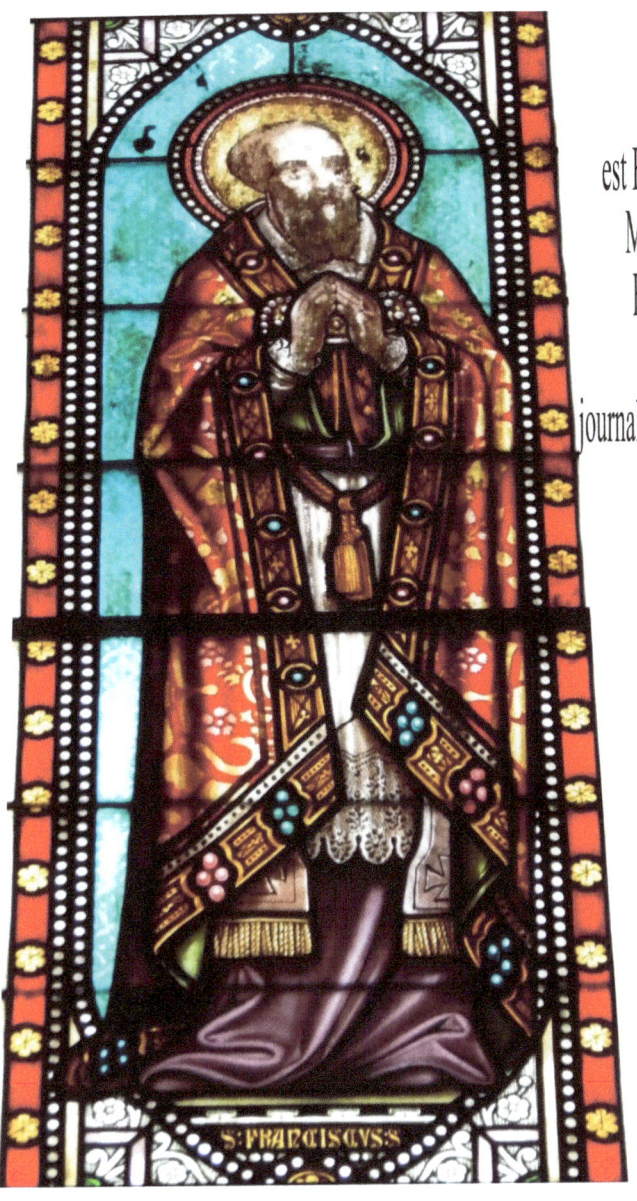

Saint Franciscus
Le plus connu
est François d'Assise
Mais il s'agit ici de
François de Sales
Saint patron des
journalistes et écrivains.
Par Henri Feur
en 1898,
église
de Gouts

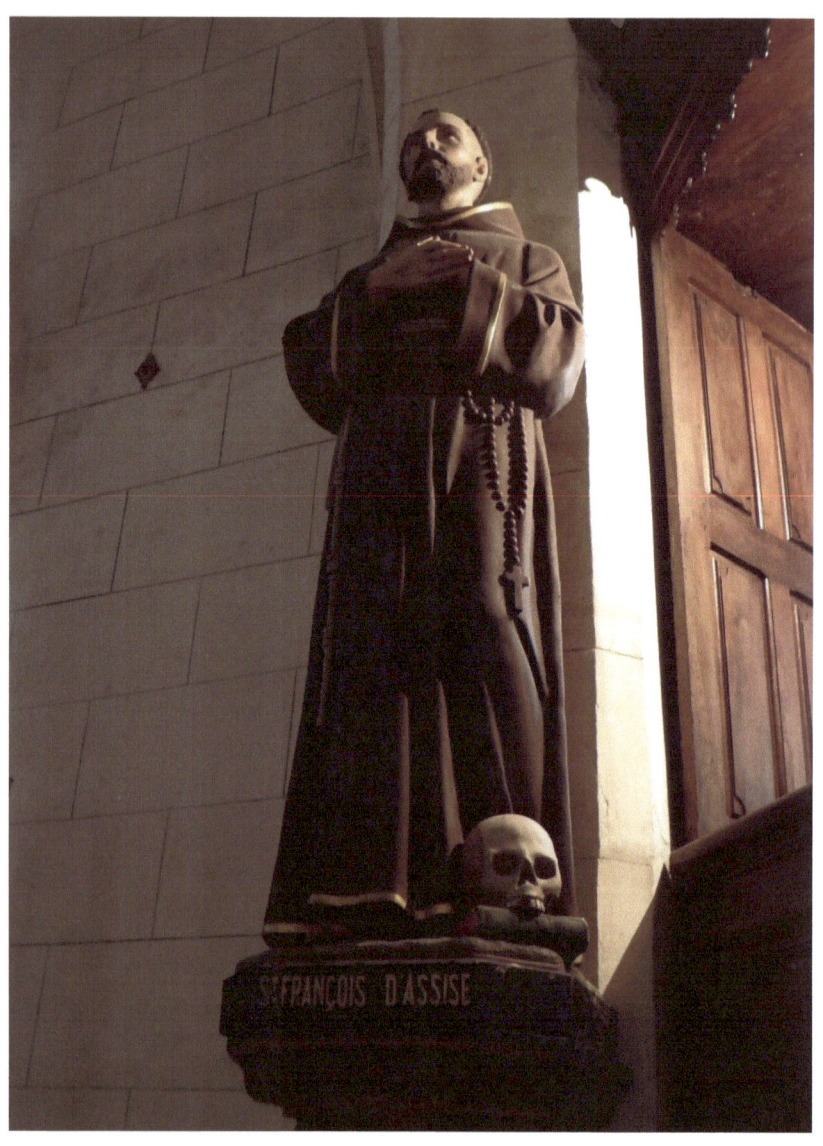

Saint-François d'Assise figure également dans cette église... Son choix de pauvreté pourrait le destiner à devenir le Saint Patron des écrivains indépendants.

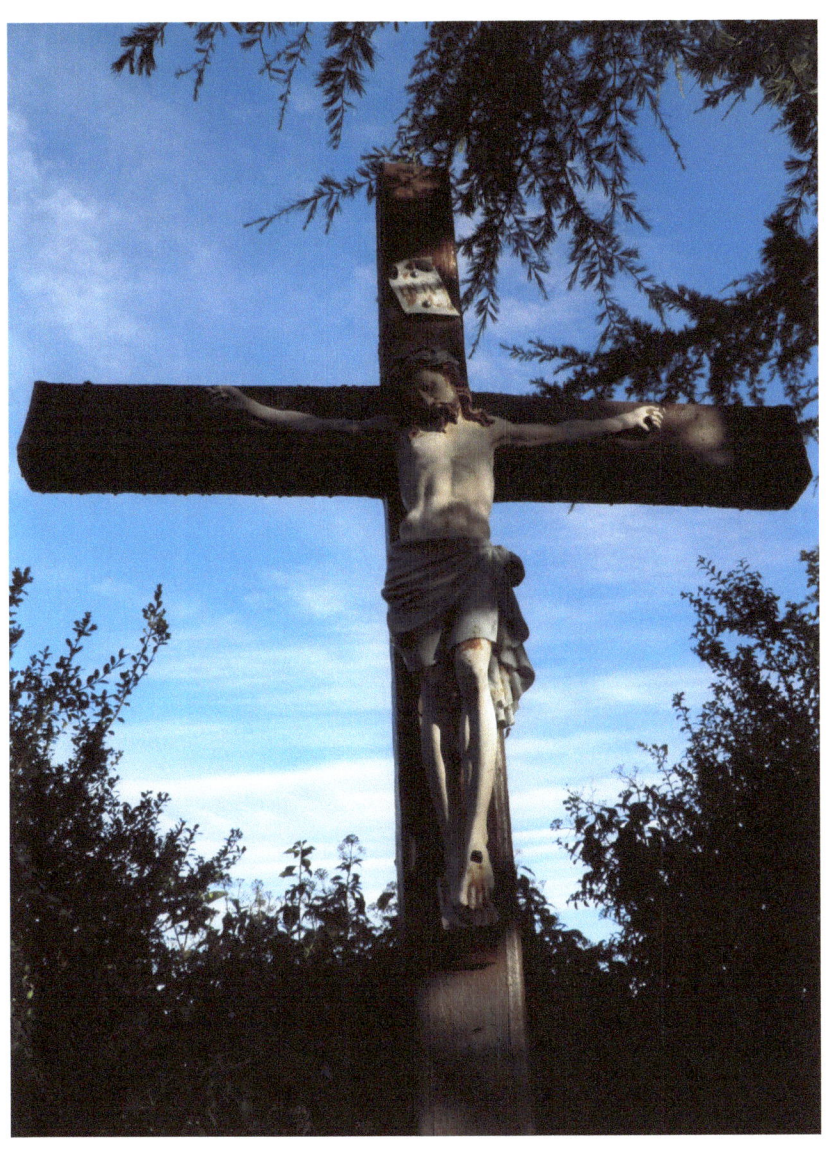

À Gouts, l'originalité du Jésus en croix a retenu mon attention...

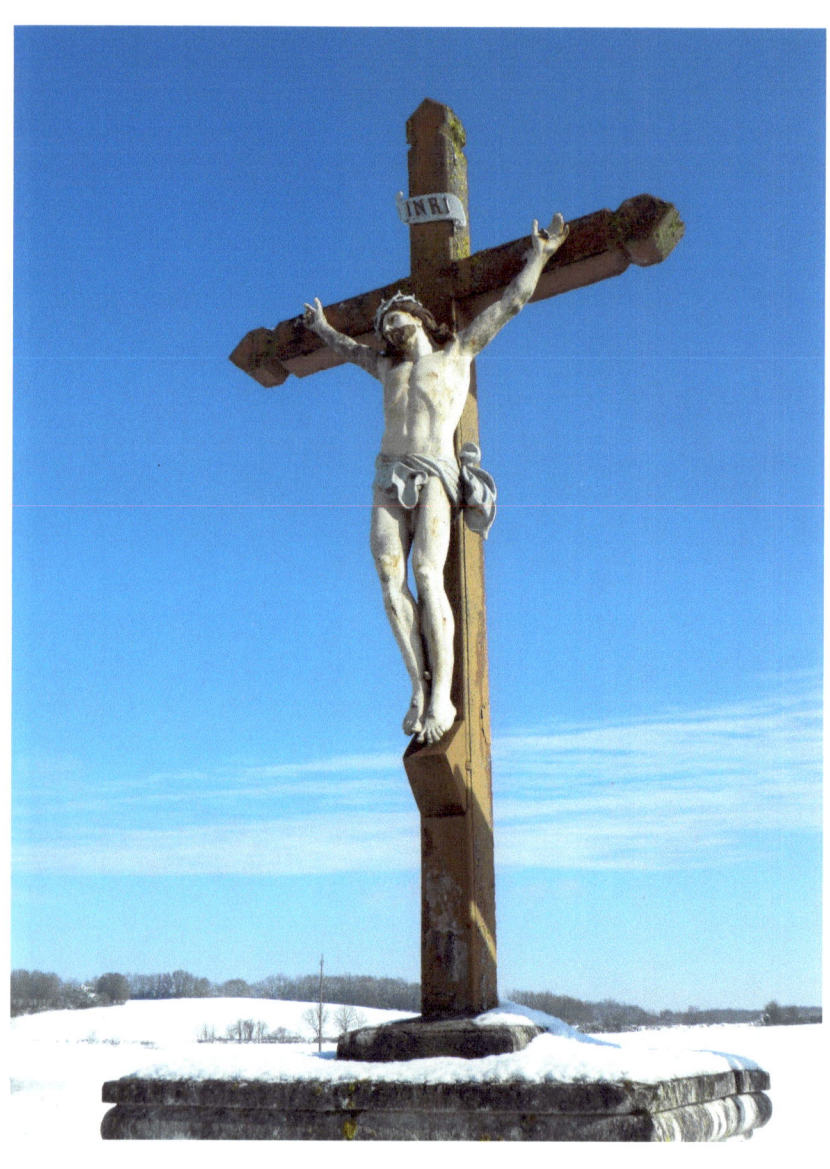

Le même, à Couloussac, un jour où la neige apporte un supplément d'âme au lieu.

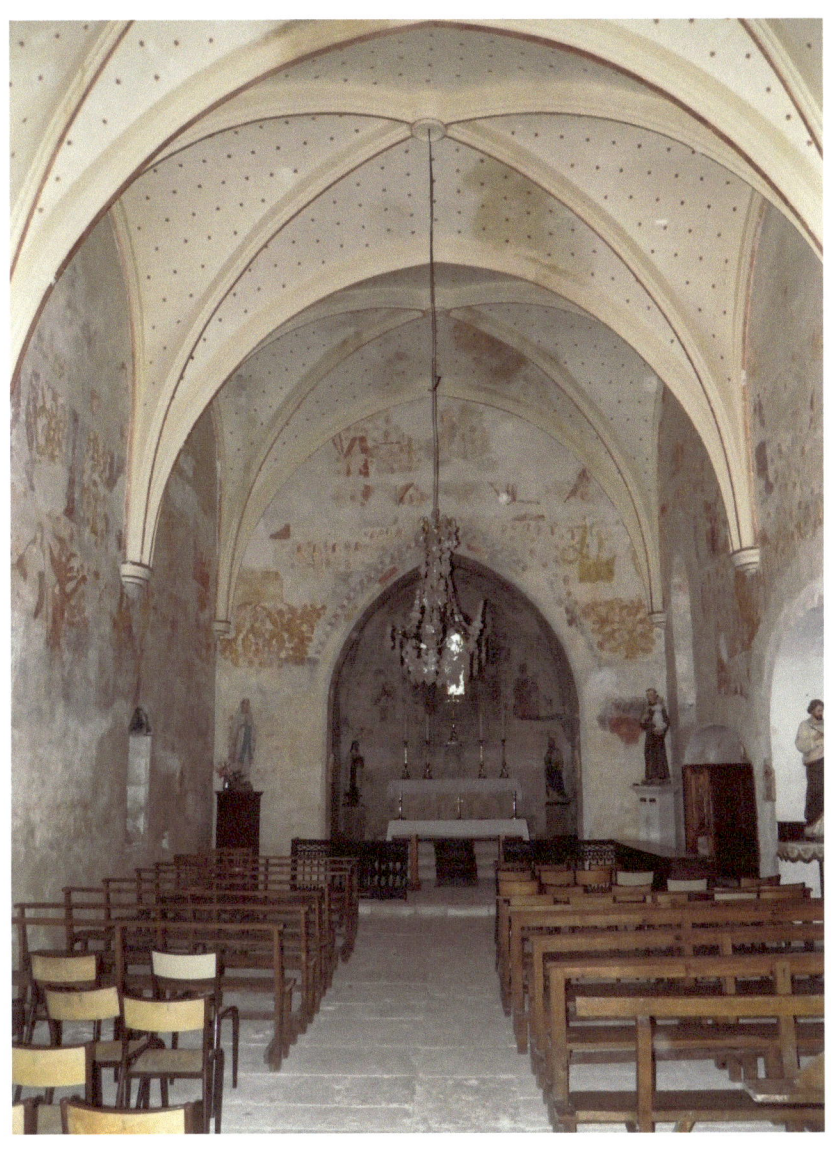

Avec onze églises, la religion se devait de figurer à l'honneur dans ce livre. Je suis naturellement également passé à Pervillac...

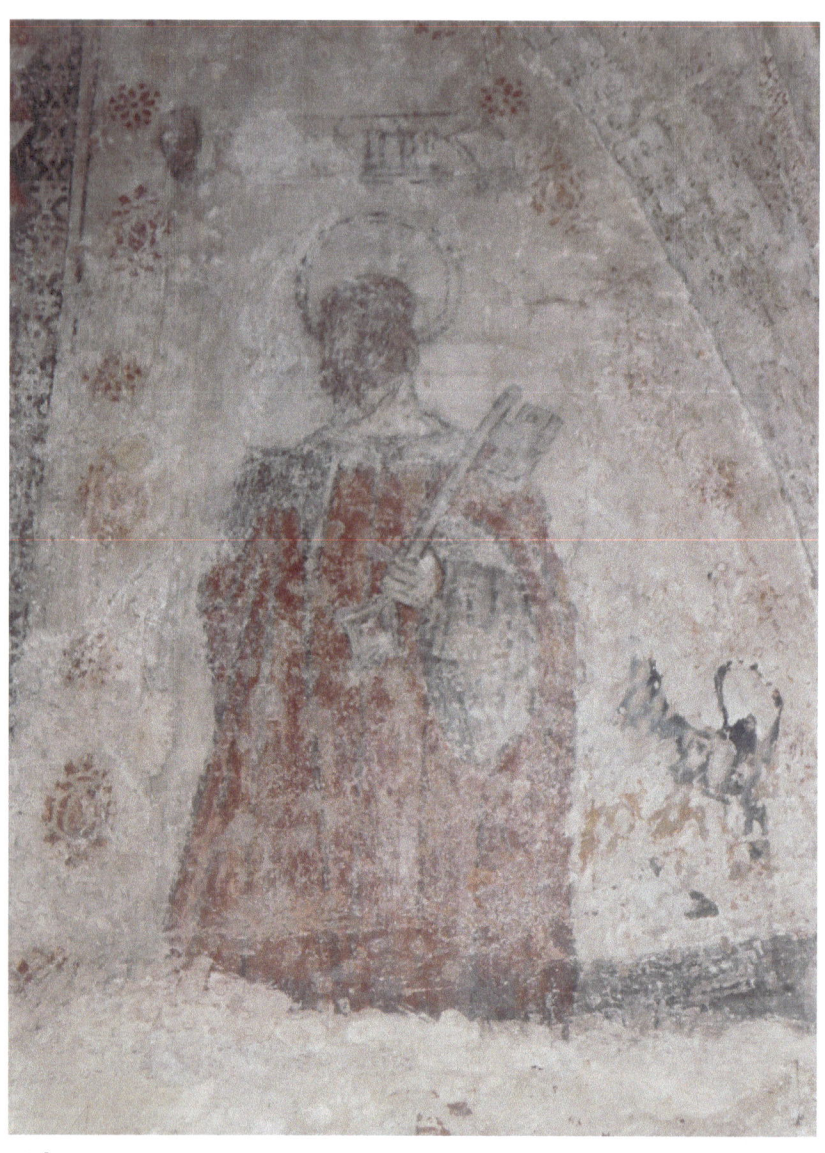

L'église Saint-Pierre de Pervillac est inscrite aux Monuments Historiques depuis le 8 juin 1979.
Elle est déjà mentionnée au 13e siècle dans le diocèse d'Agen mais l'édifice actuel daterait de la fin du 15e. Ses peintures murales du début du 16e siècle méritent une grande attention...

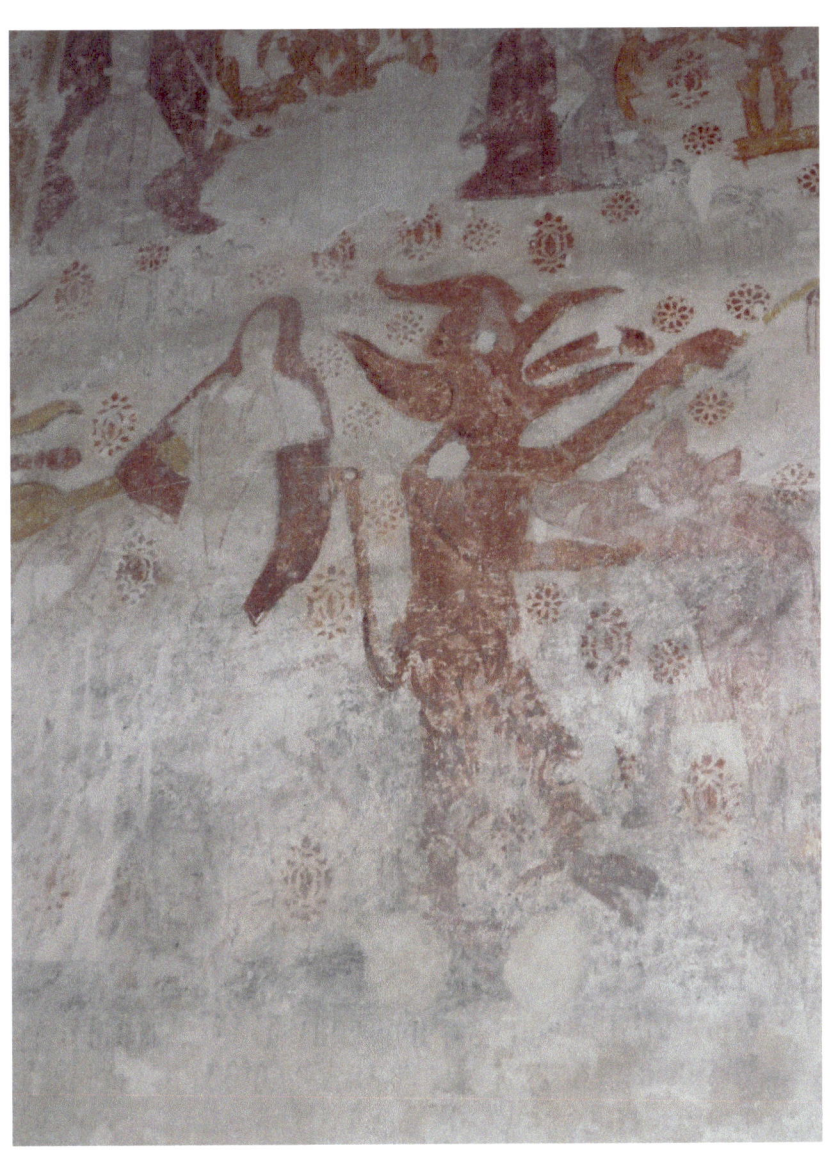

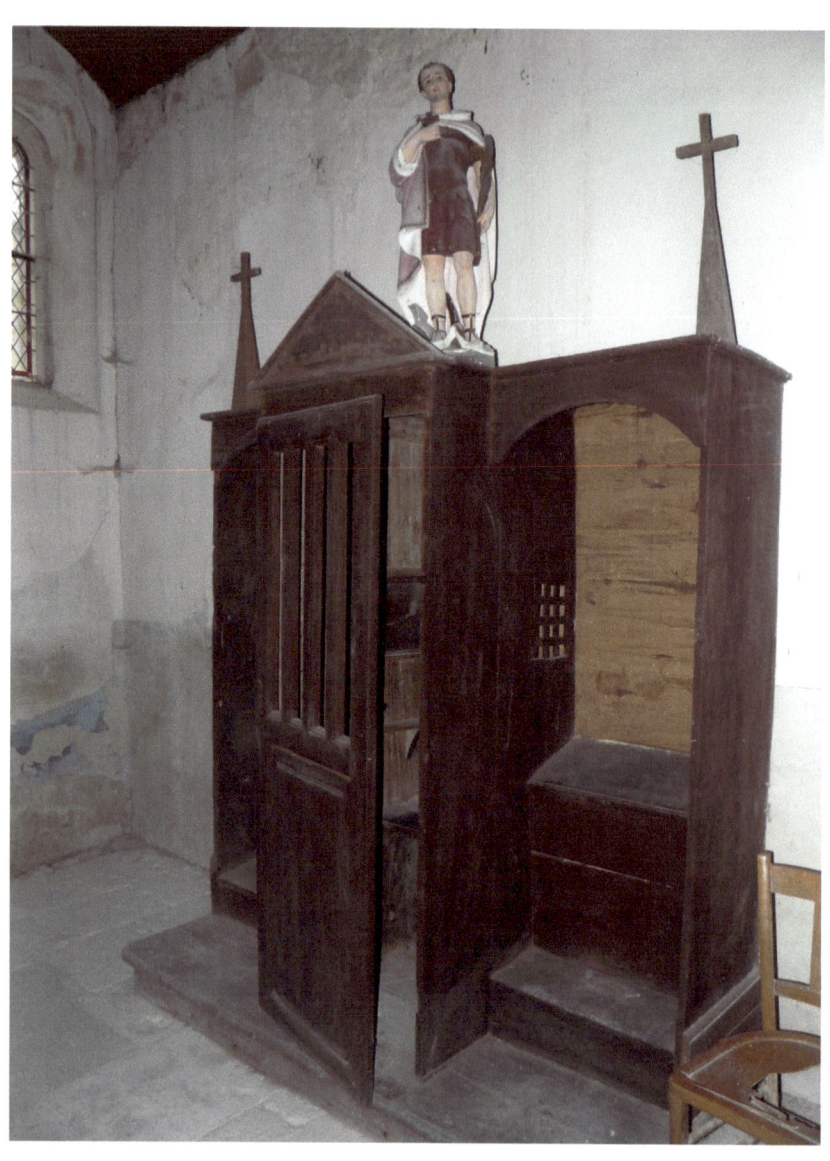

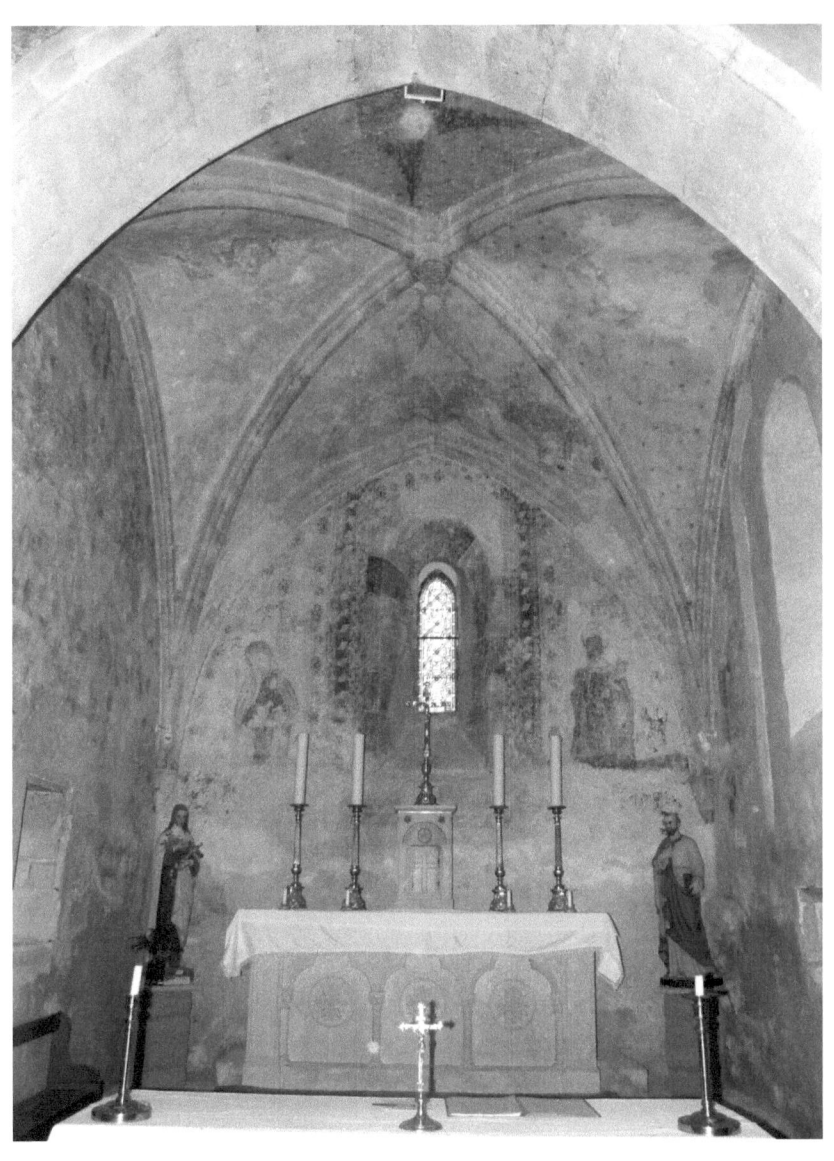

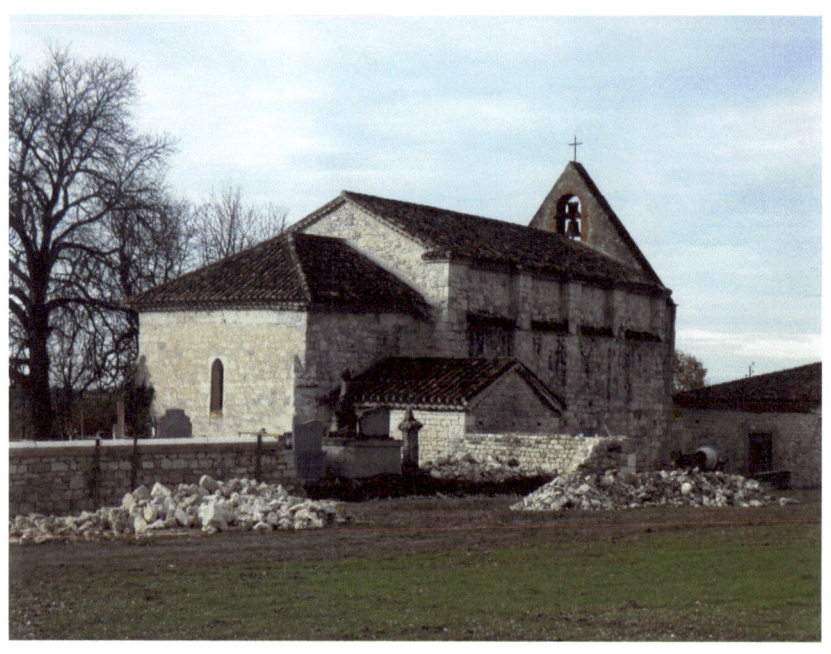

L'église de Pervillac.

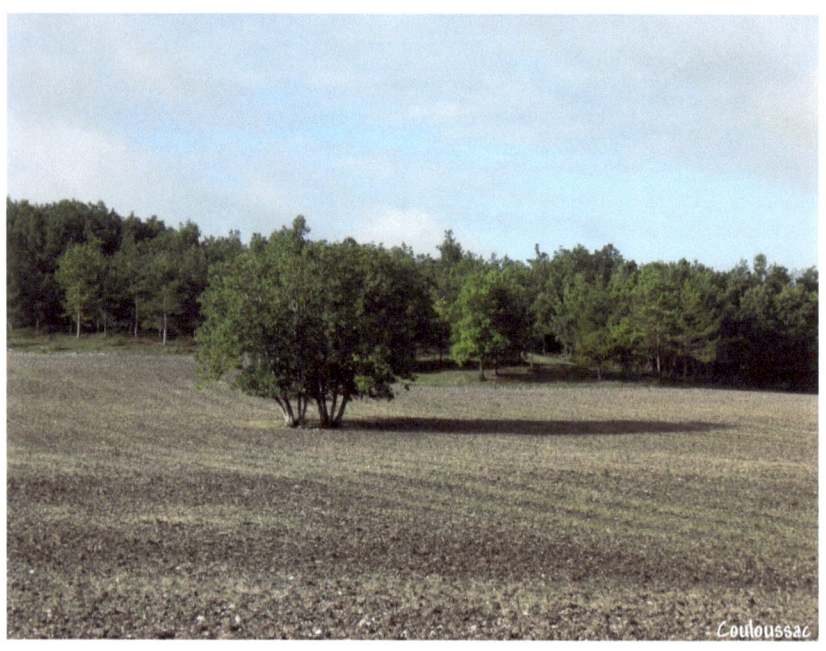

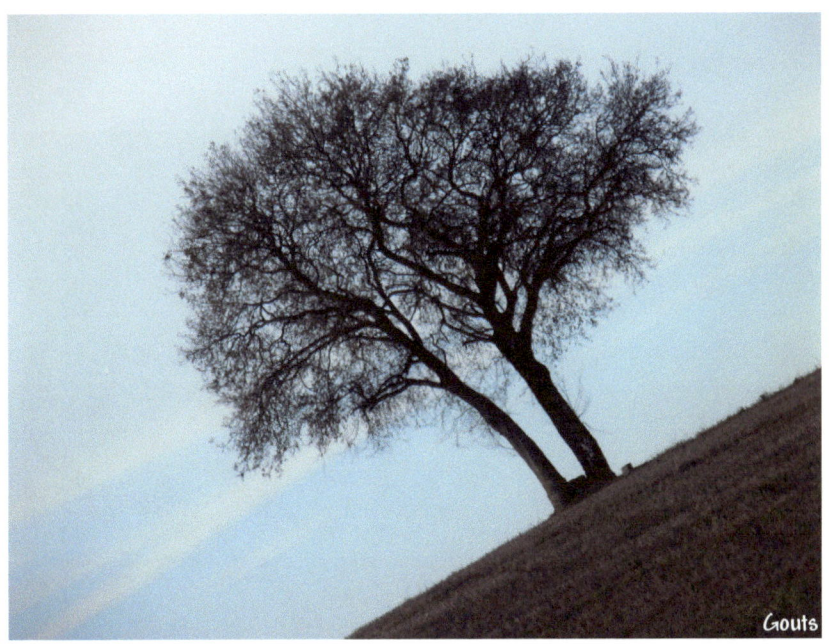

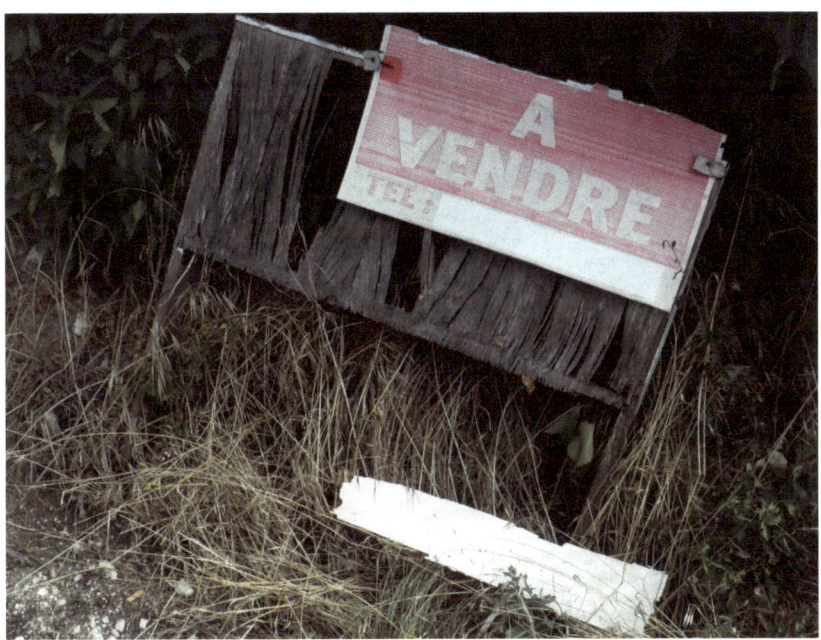

Malgré la beauté, les panneaux « A Vendre » se multiplient...

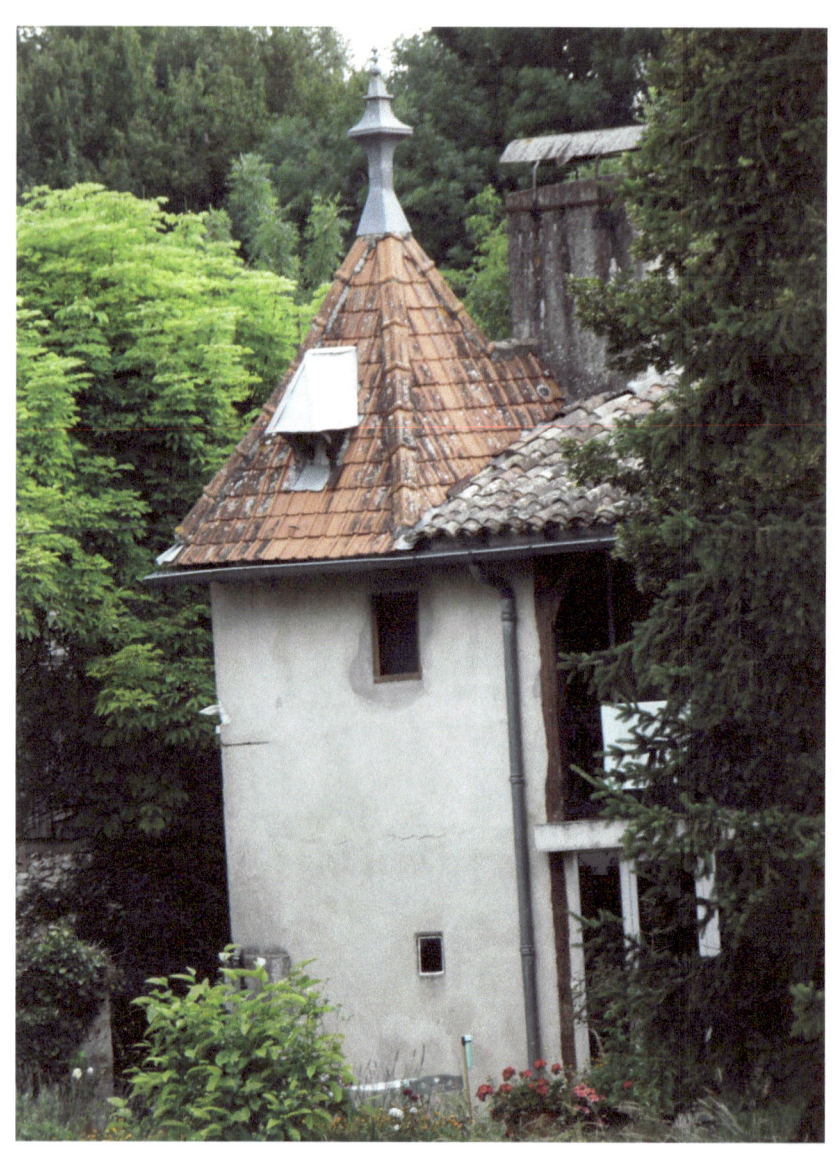

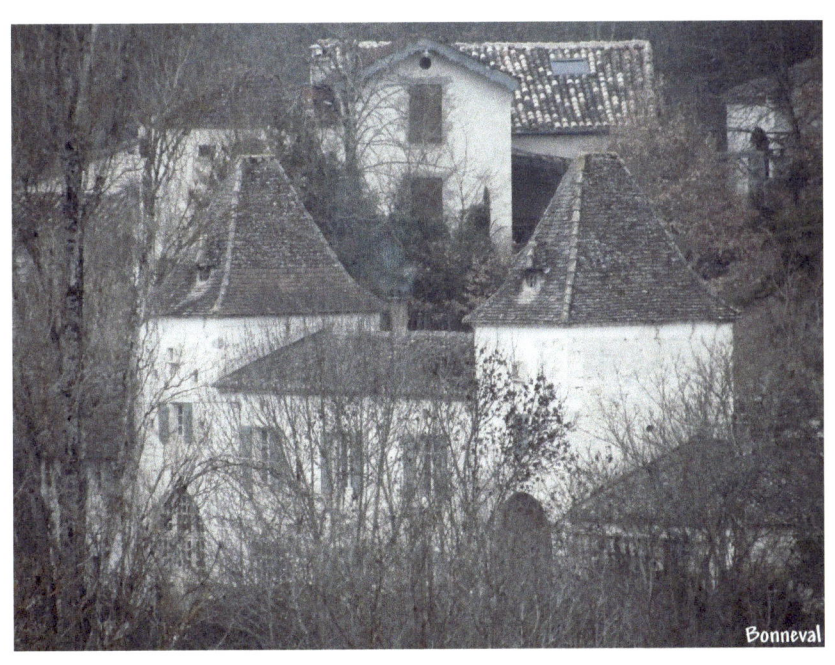

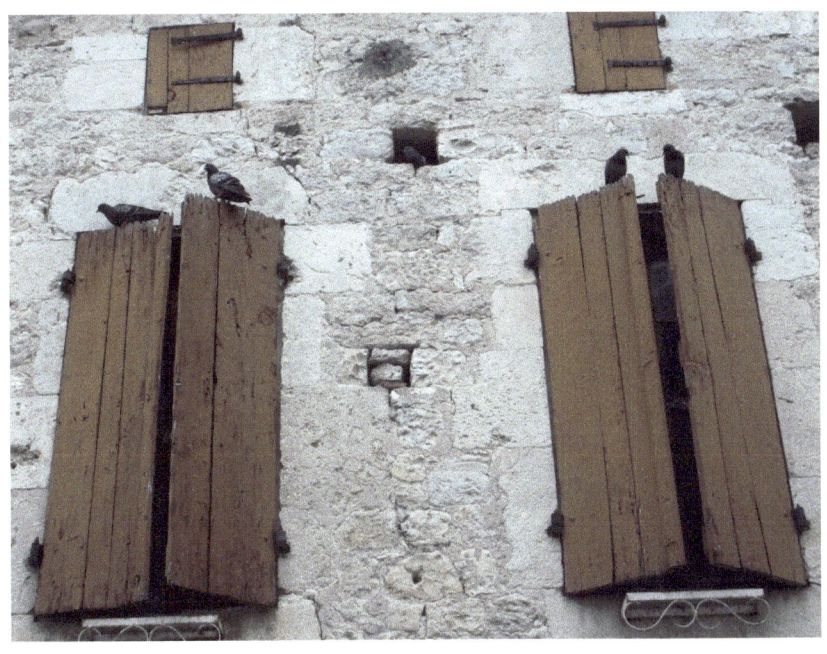

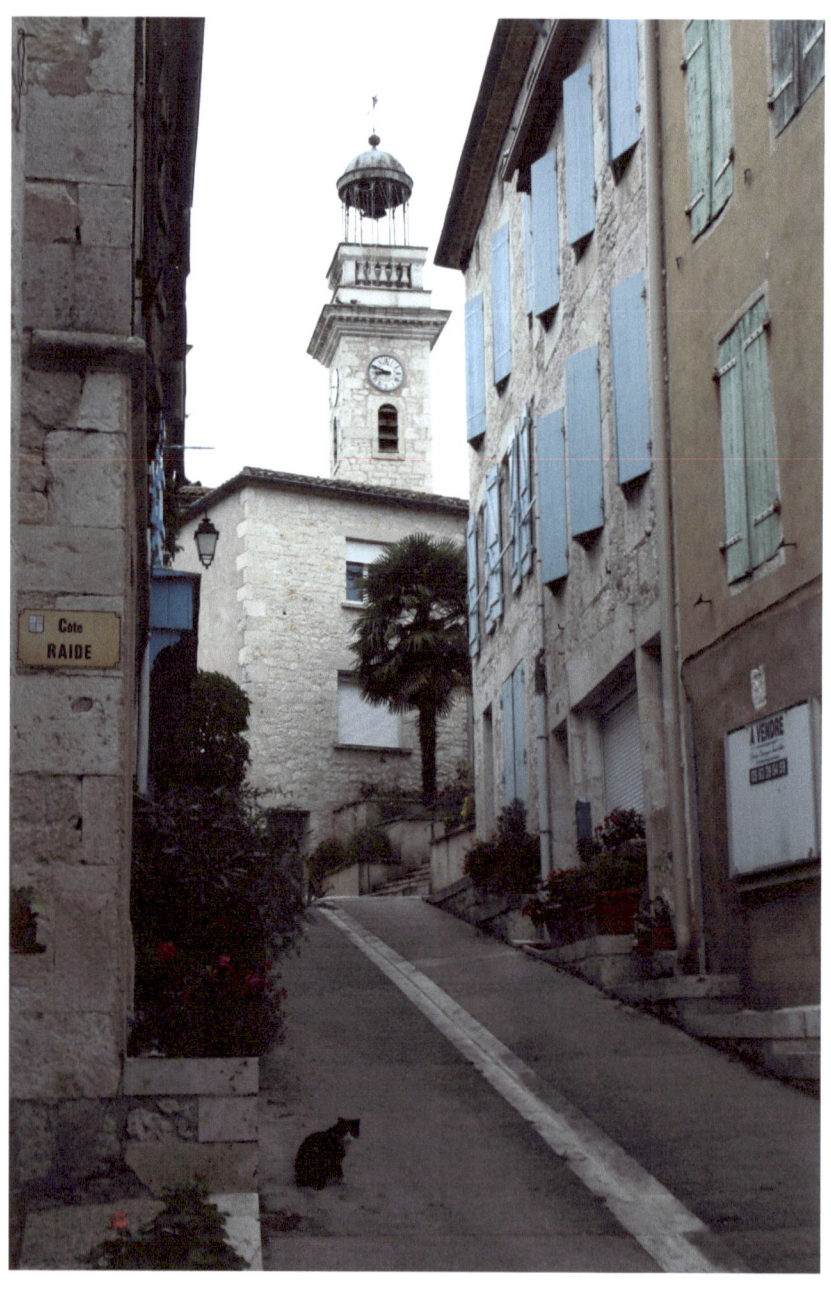

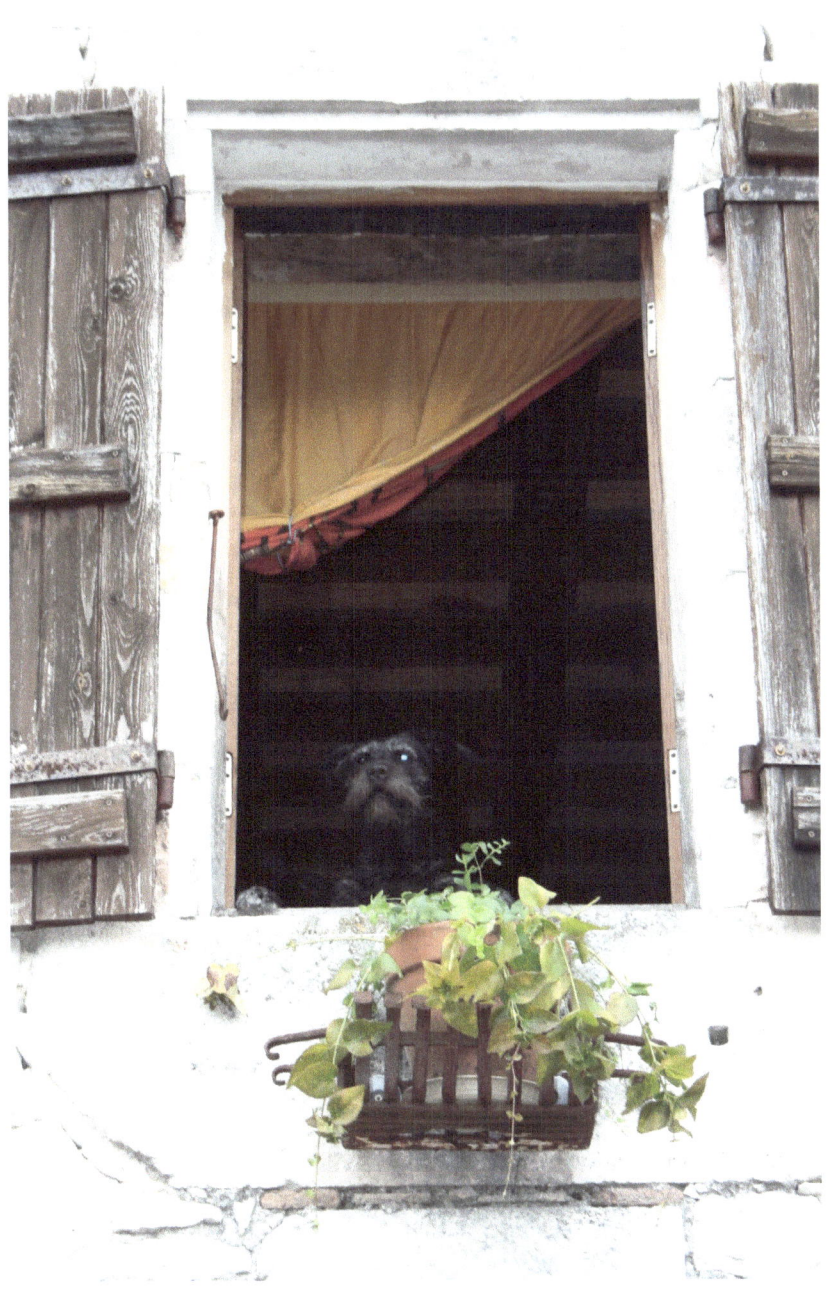

Si le chat observe amicalement le photographe, le chien montacutain peut lui témoigner de l'hostilité.

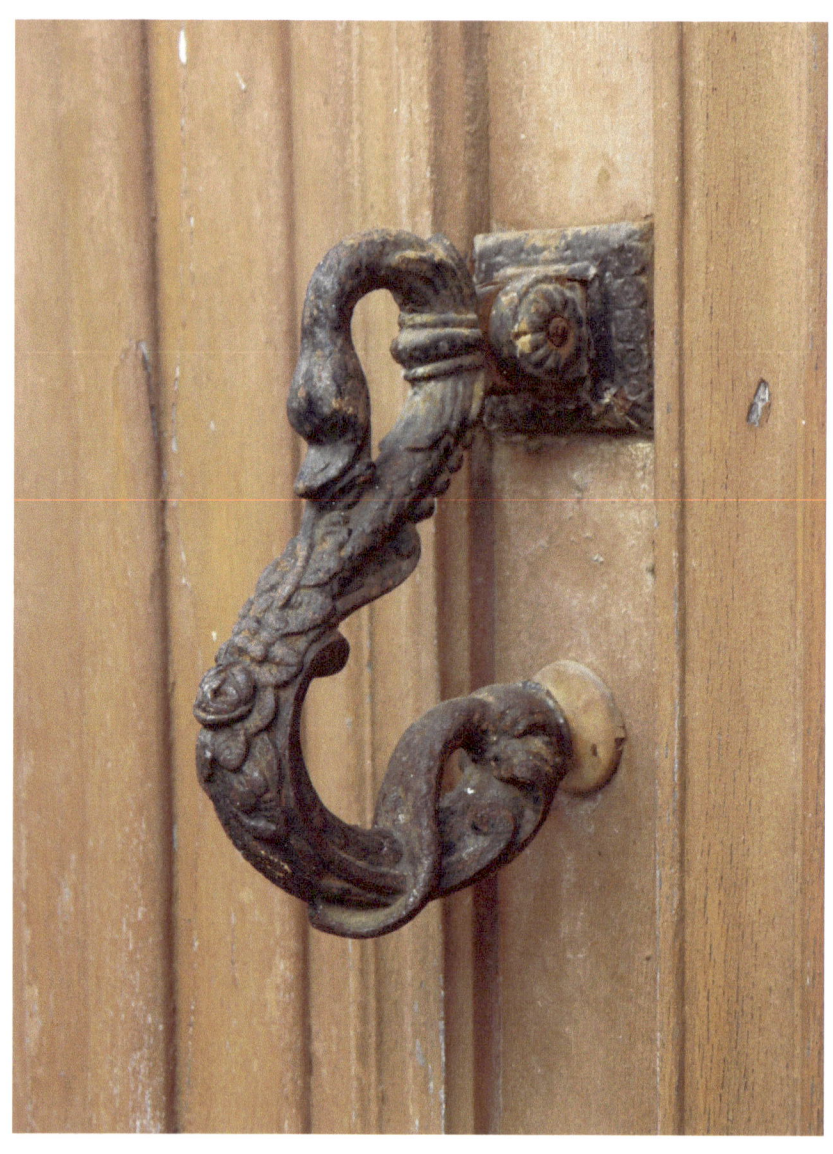

Le temps des heurtoirs a existé. On retrouve le même sur la porte de la maison d'enfance de Françoise Sagan à Cajarc.

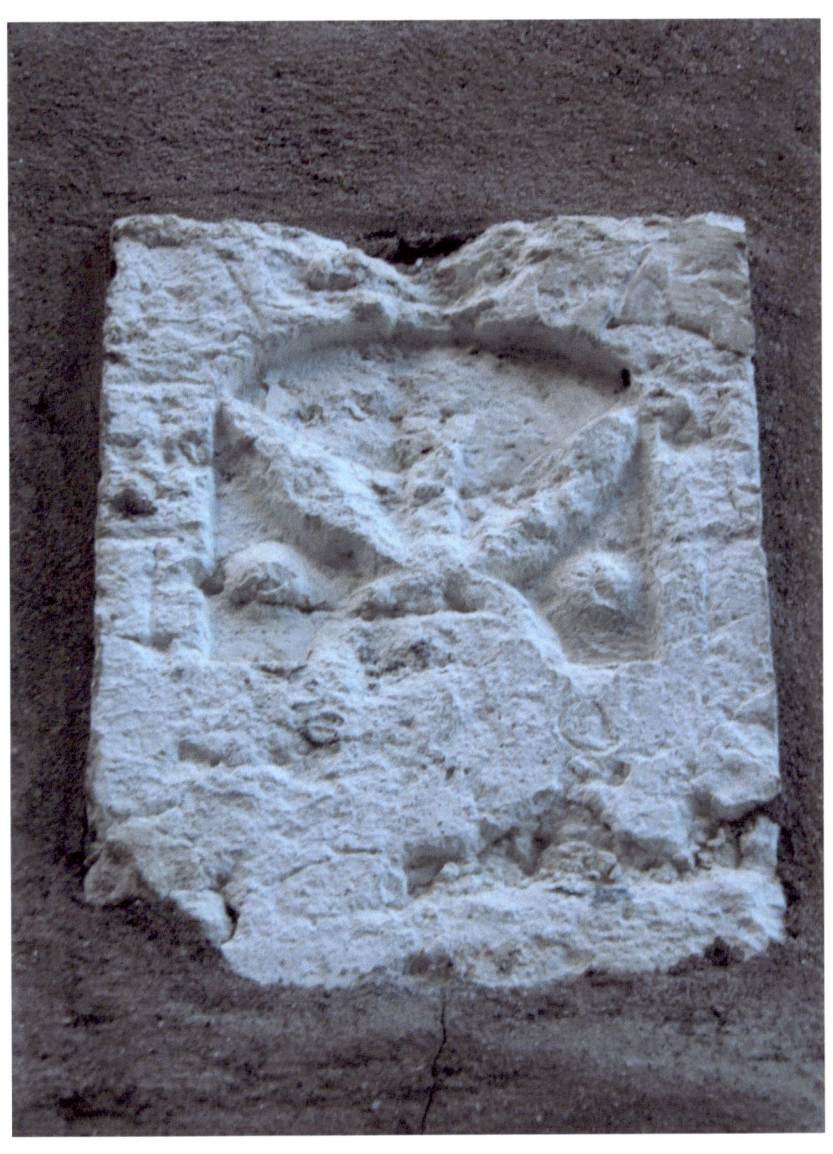

Une pierre sculptée personnalise souvent les maisons... leur fragilité a néanmoins traversé les siècles.

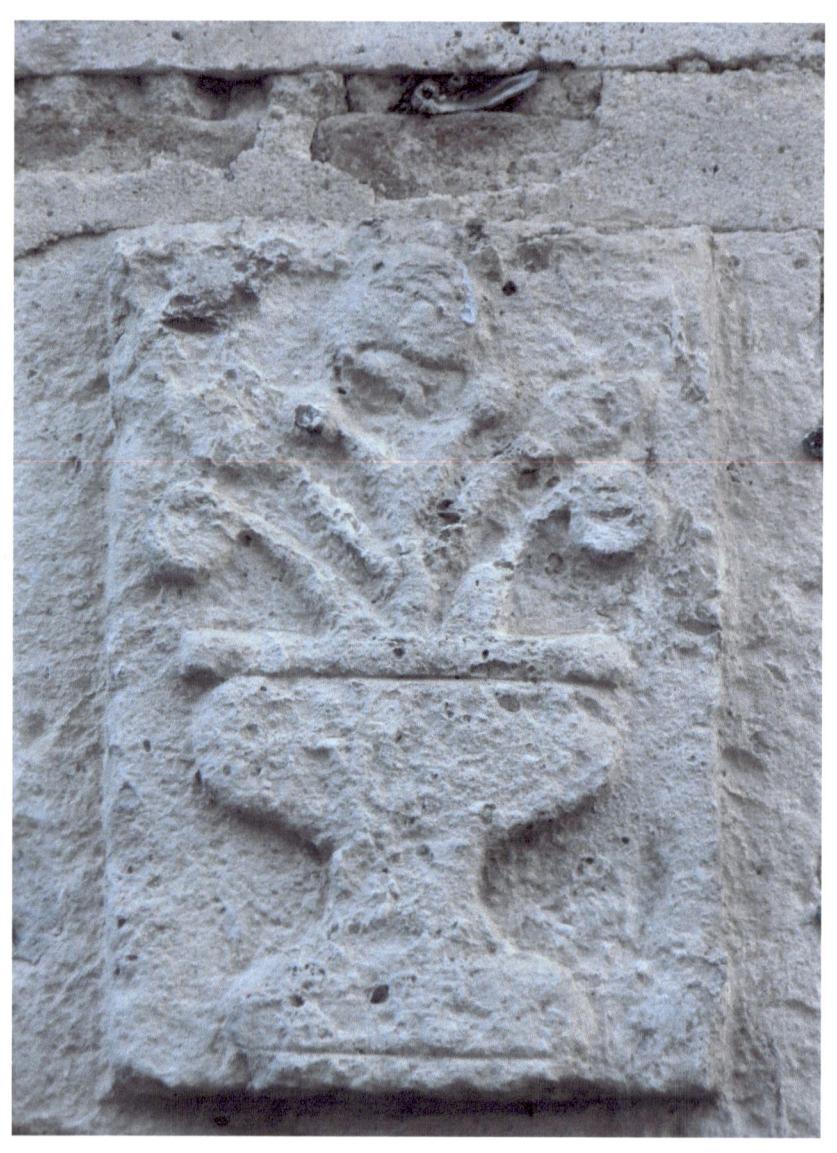

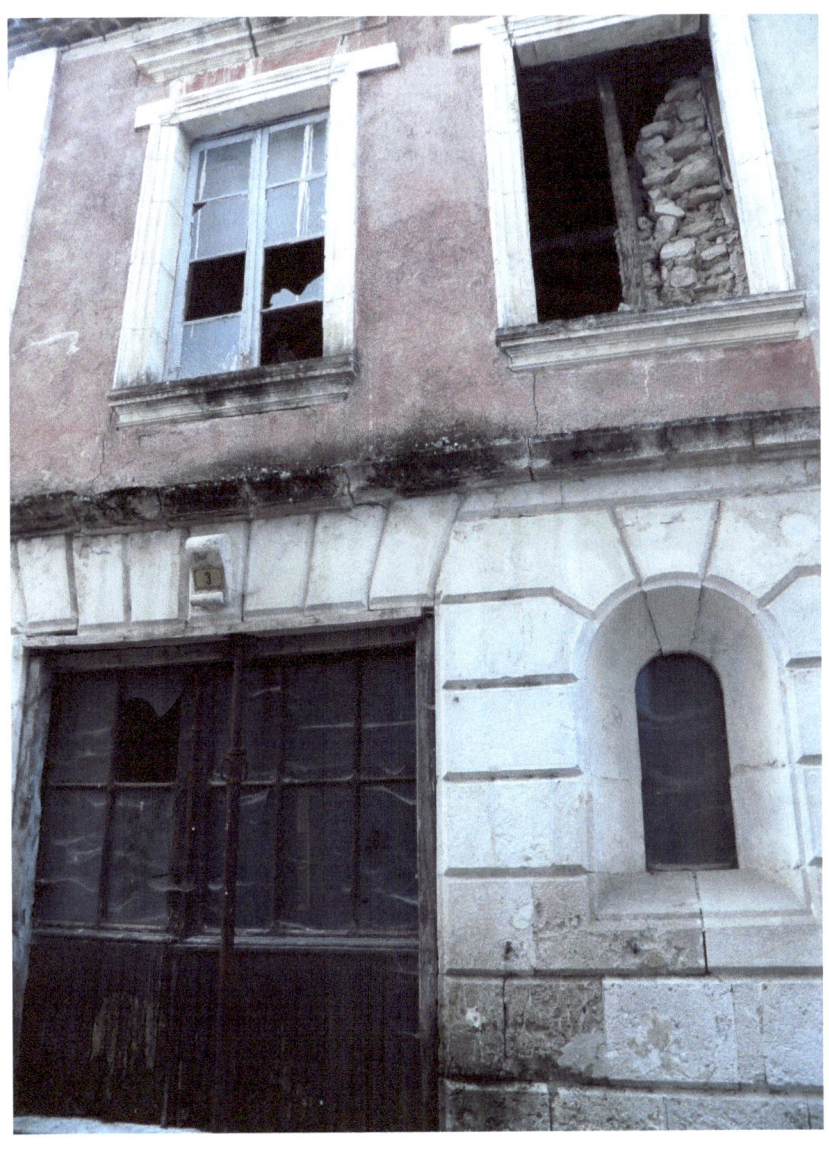

Parfois l'habitat est à restaurer. Oui, ce commentaire n'apporte rien ! Vous comprenez ainsi pourquoi le plus souvent je laisse les photos s'exprimer...

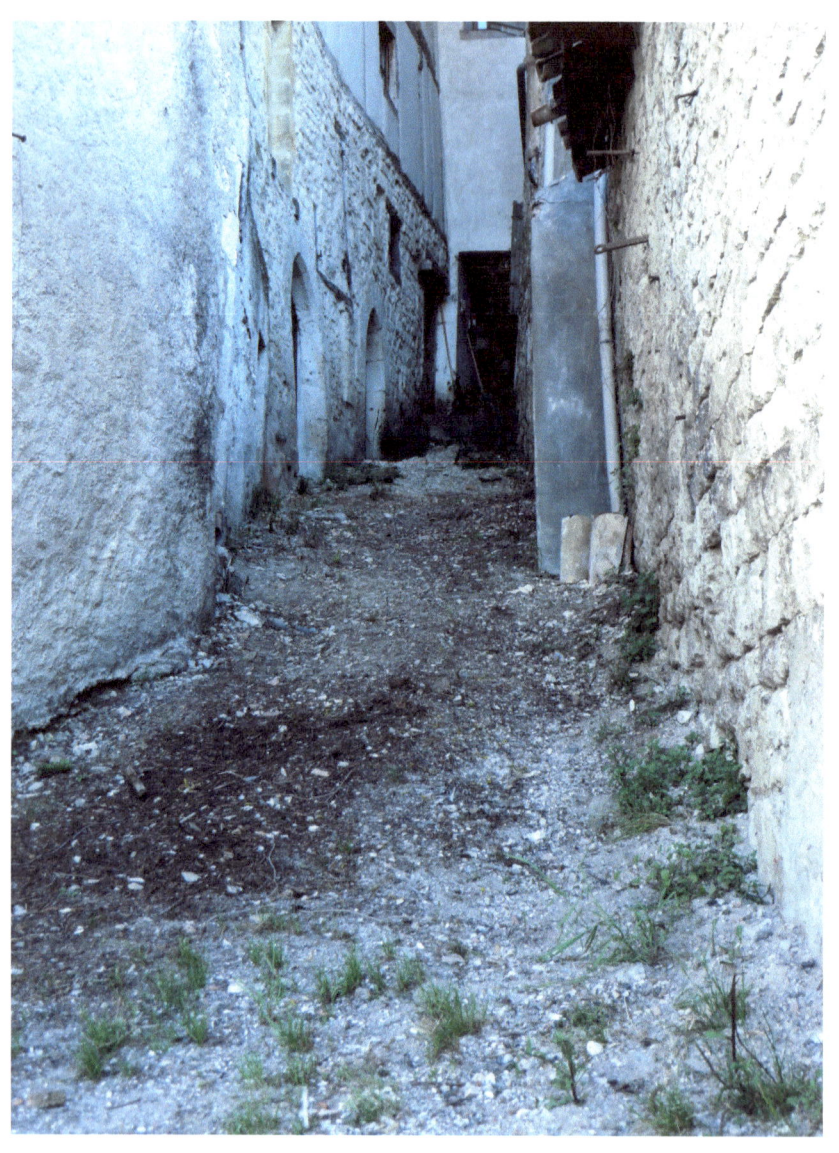

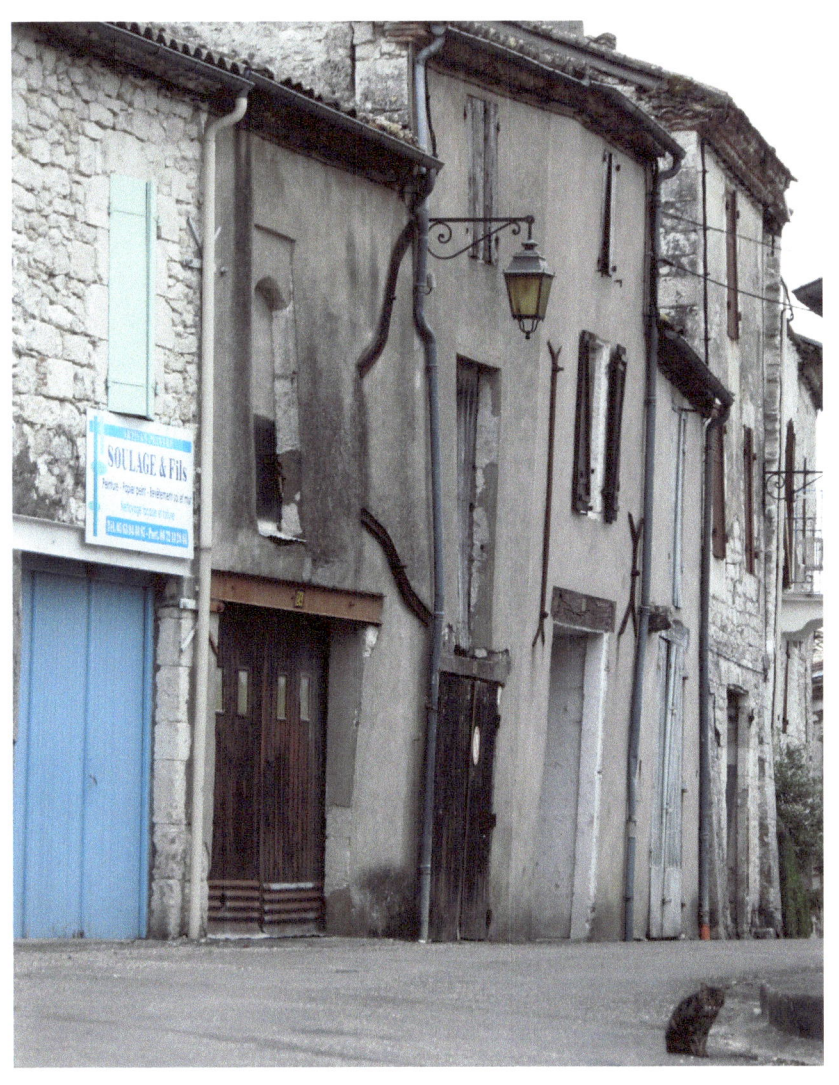

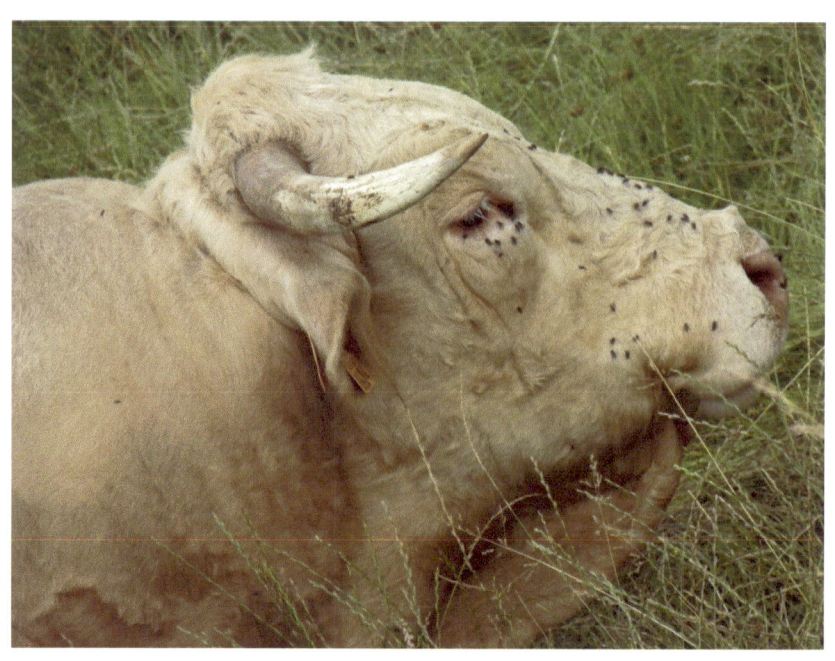

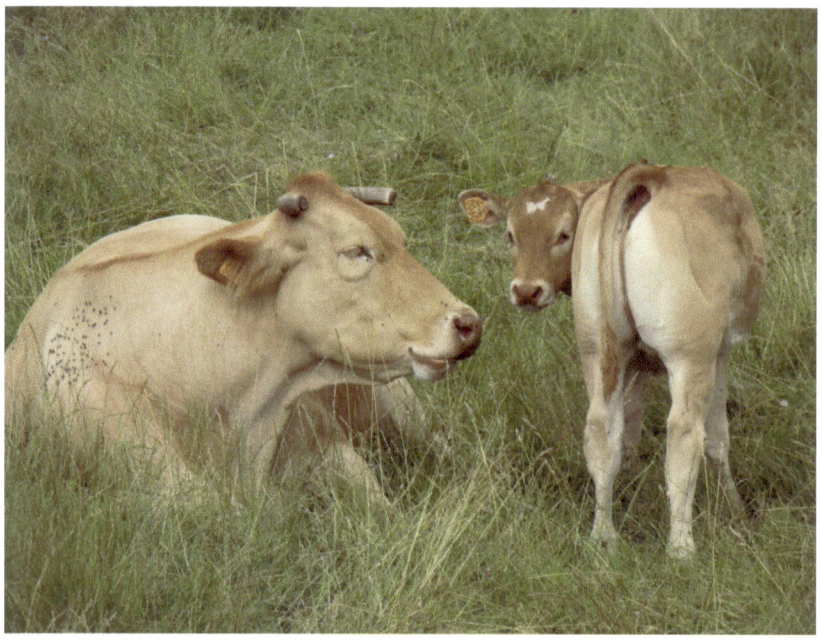

Au pays du veau sous la mère...

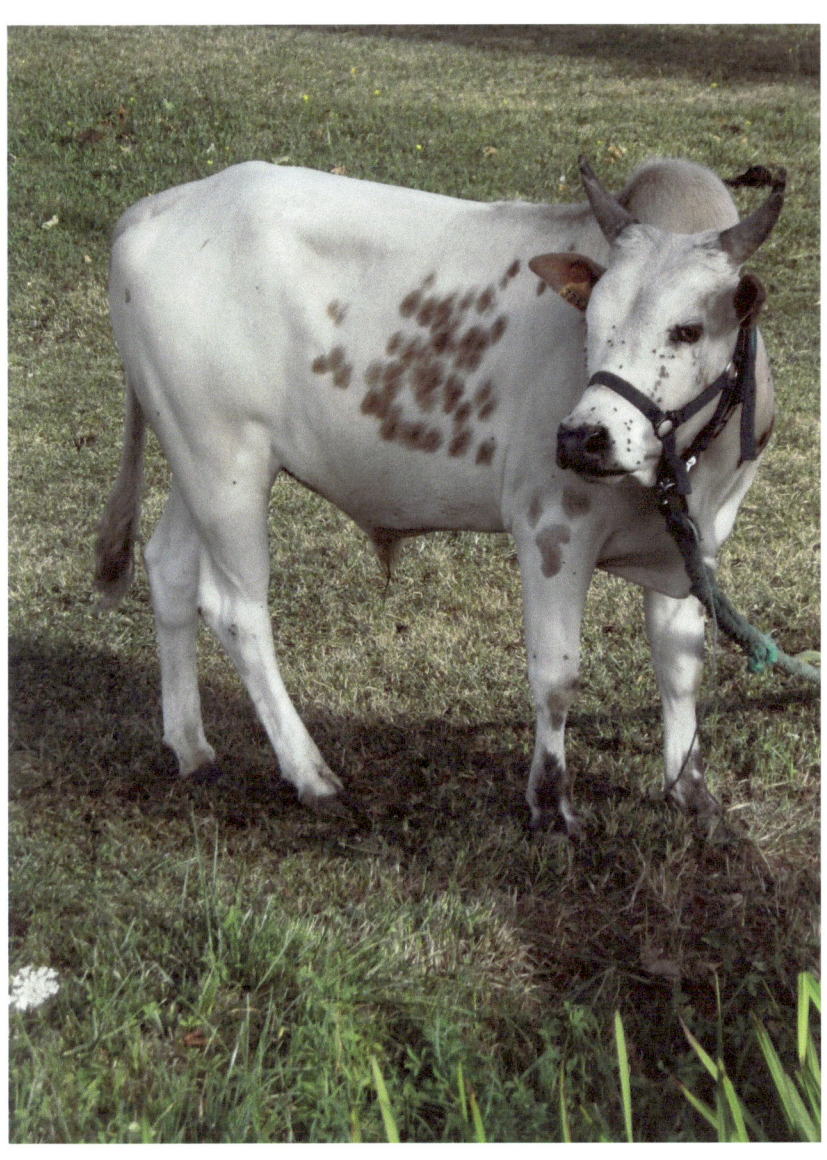

Quand passe un cirque, d'autres races et espèces dégustent l'herbe locale...

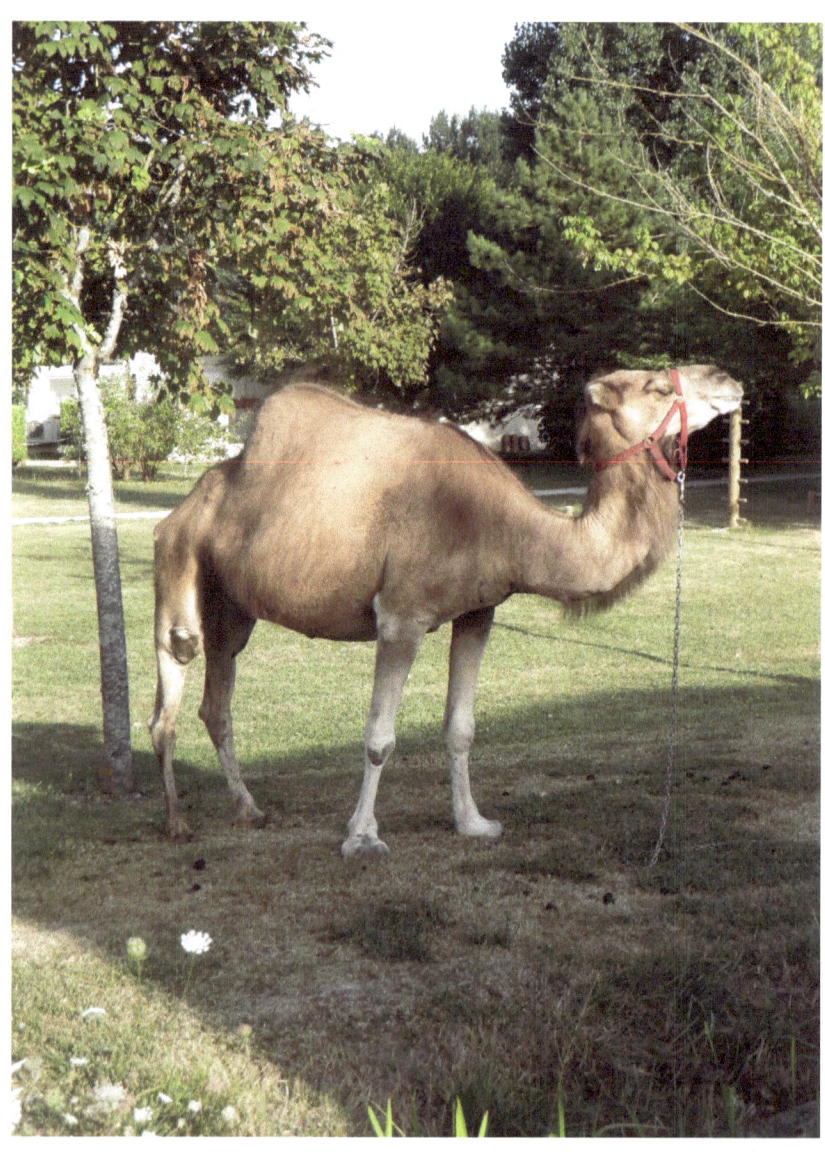

Une bosse ? C'est un député ou un sénateur ?

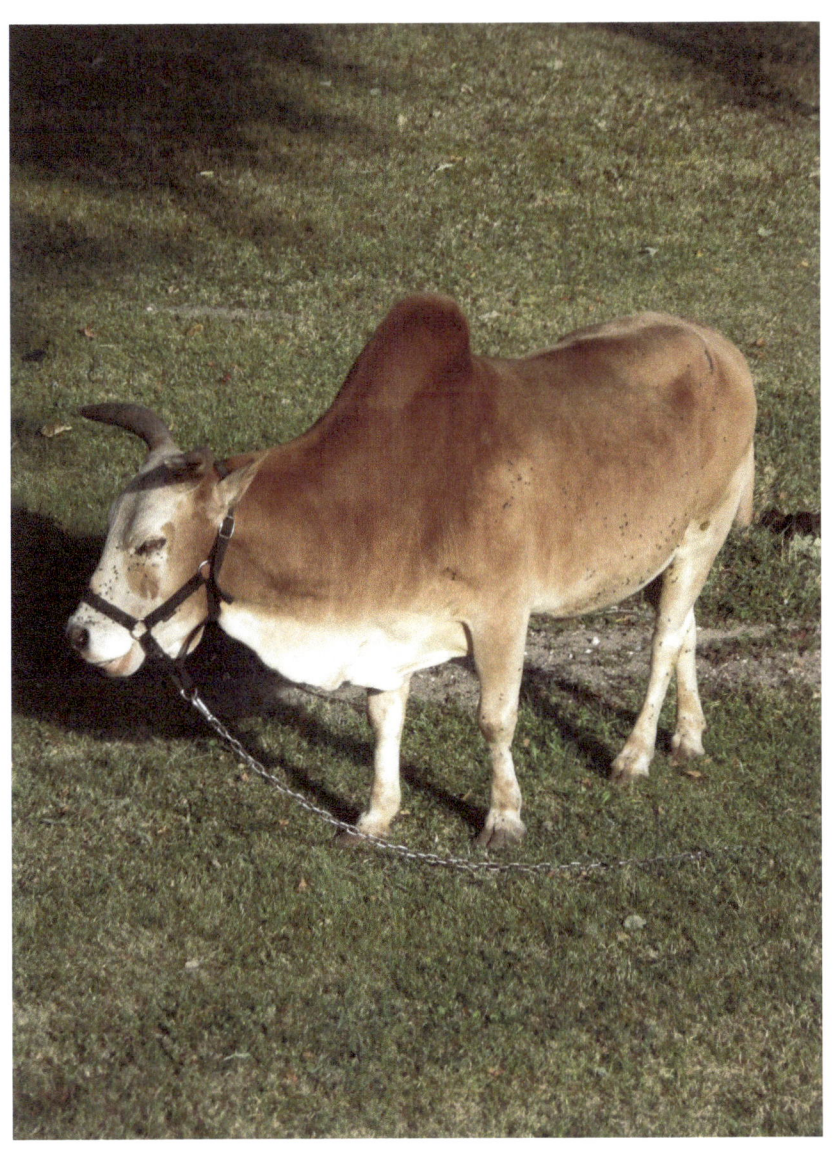

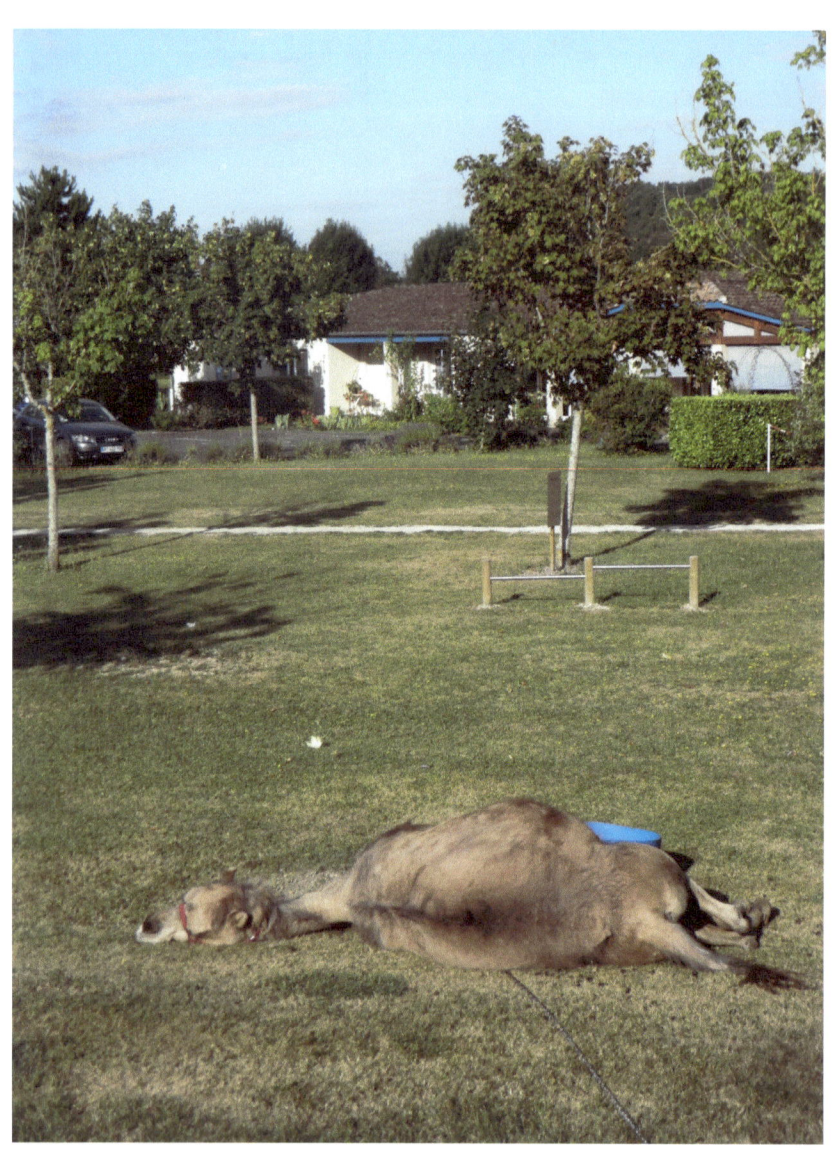

Le député se relève toujours ?

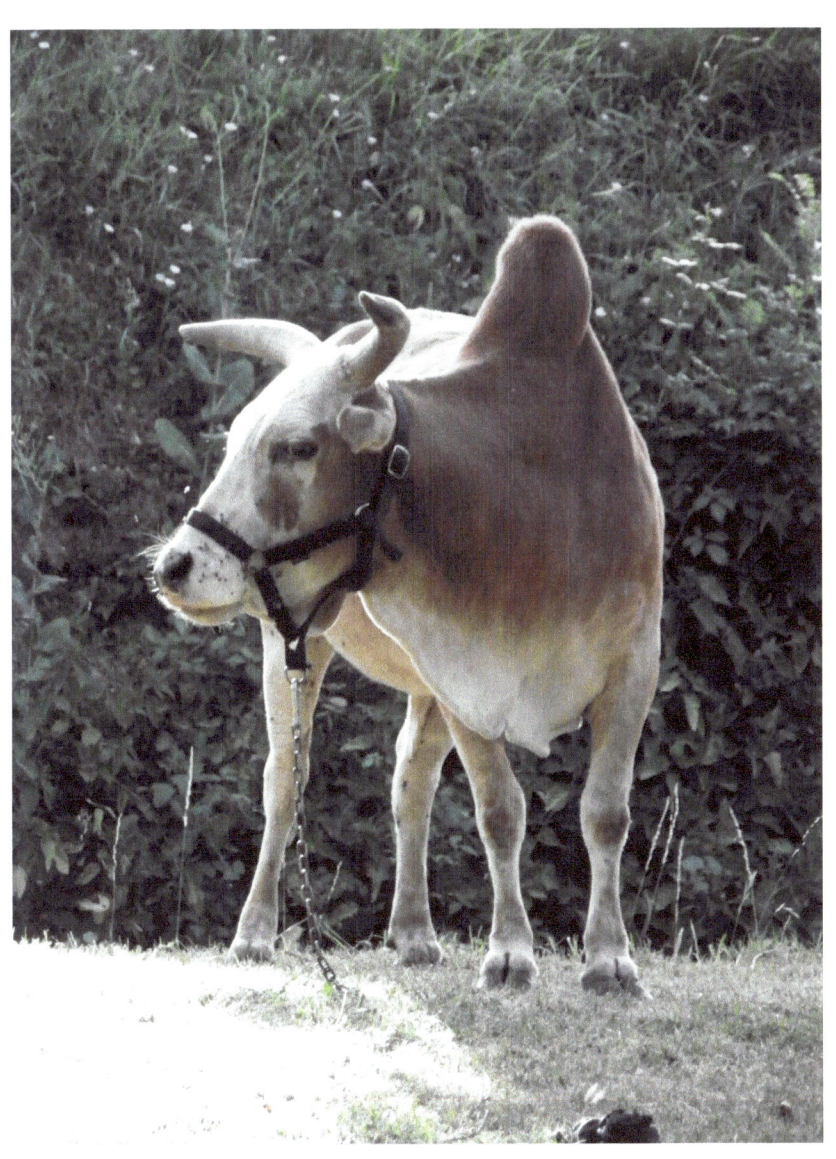

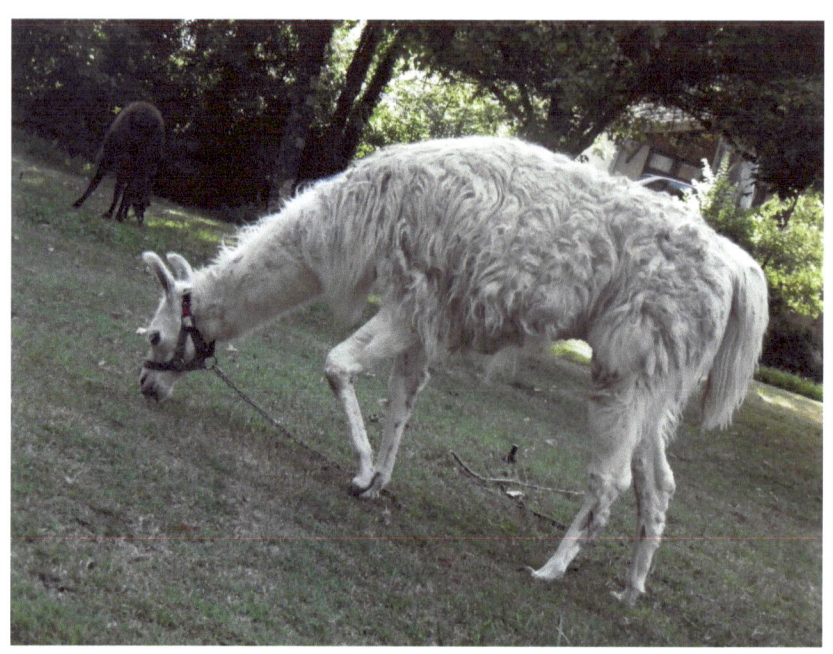

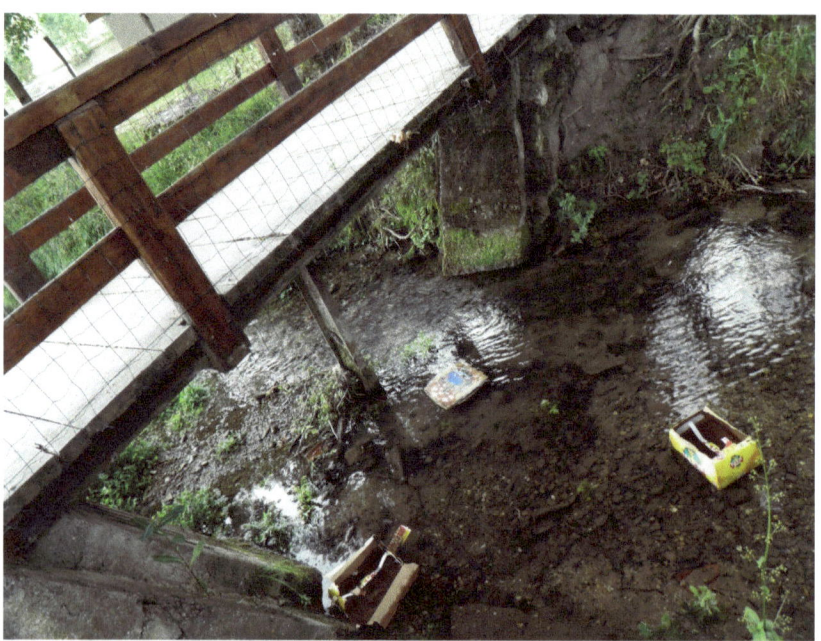

Il faut parfois franchir le pont... Une bière ?

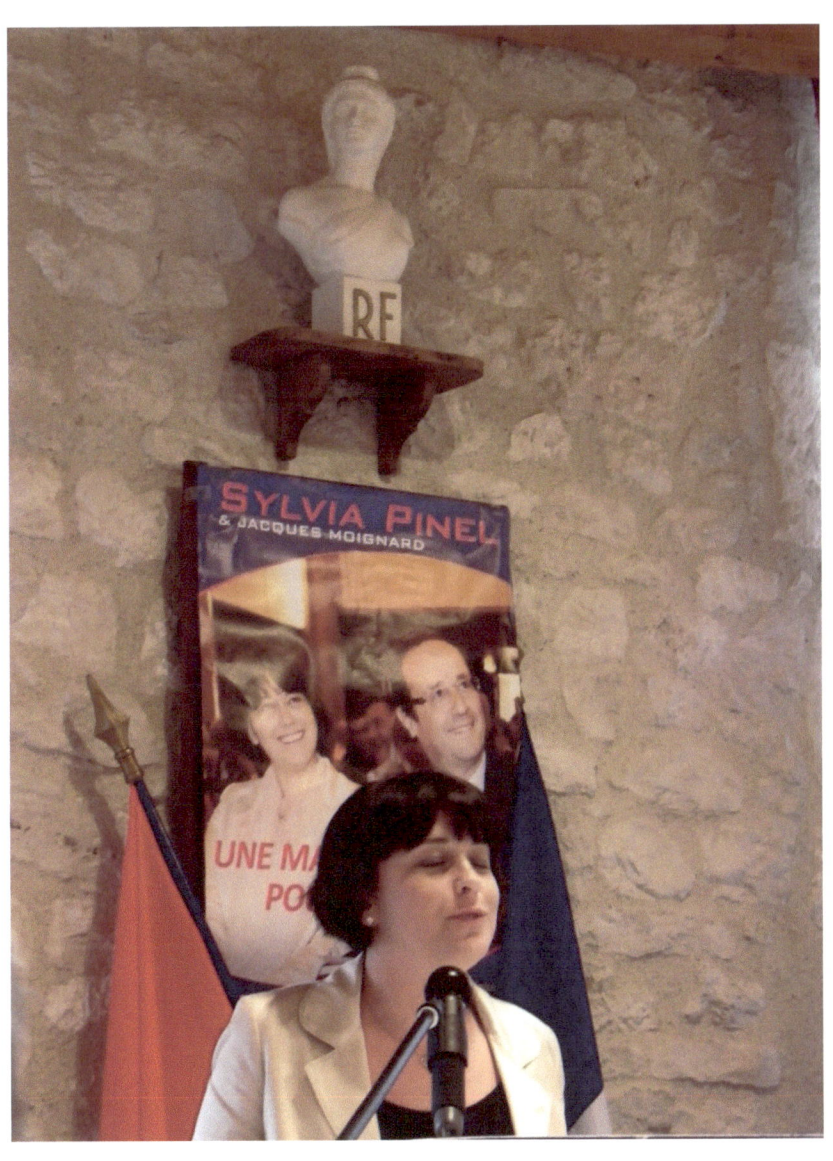

Son nom est écrit sur l'affiche (mais non, pas Marianne)

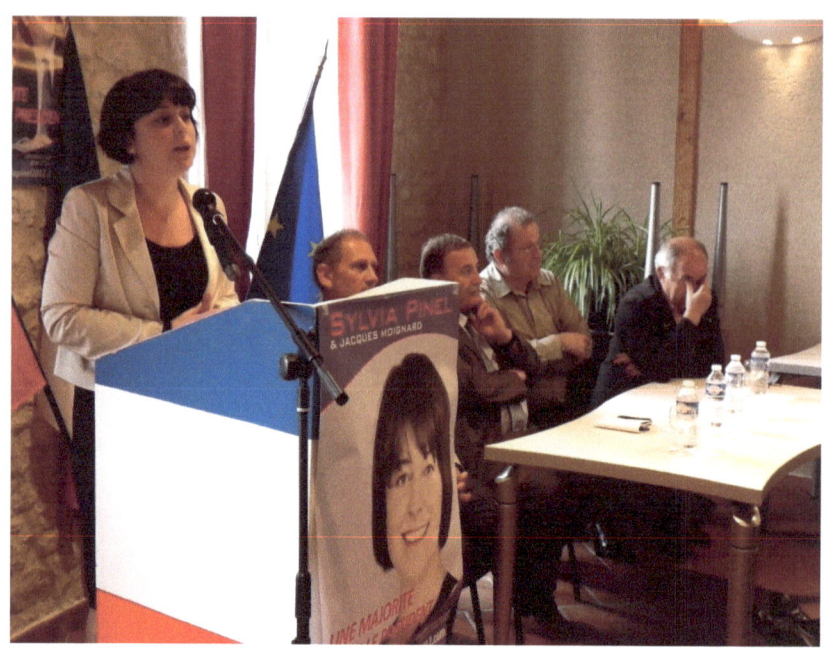

C'était en 2012... Elle était ministre déléguée...

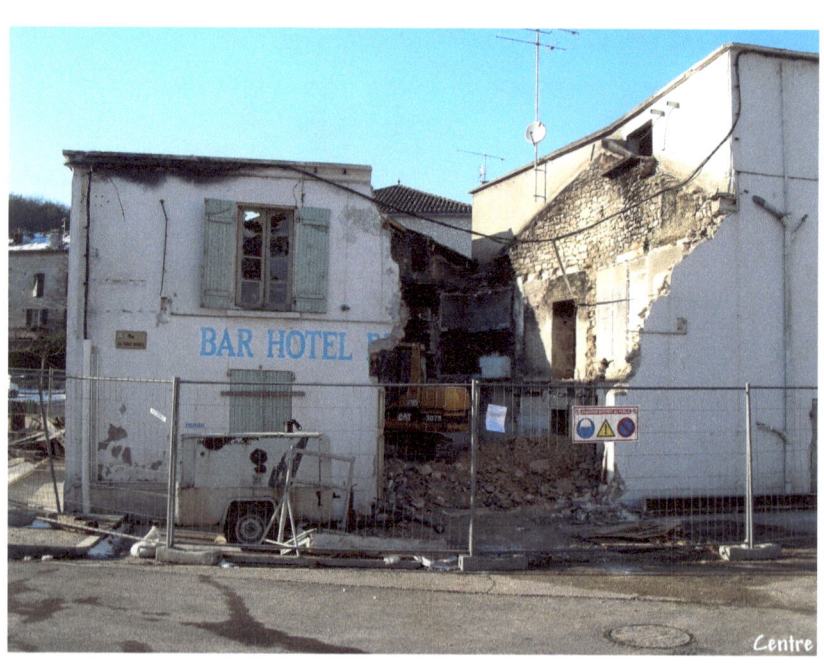

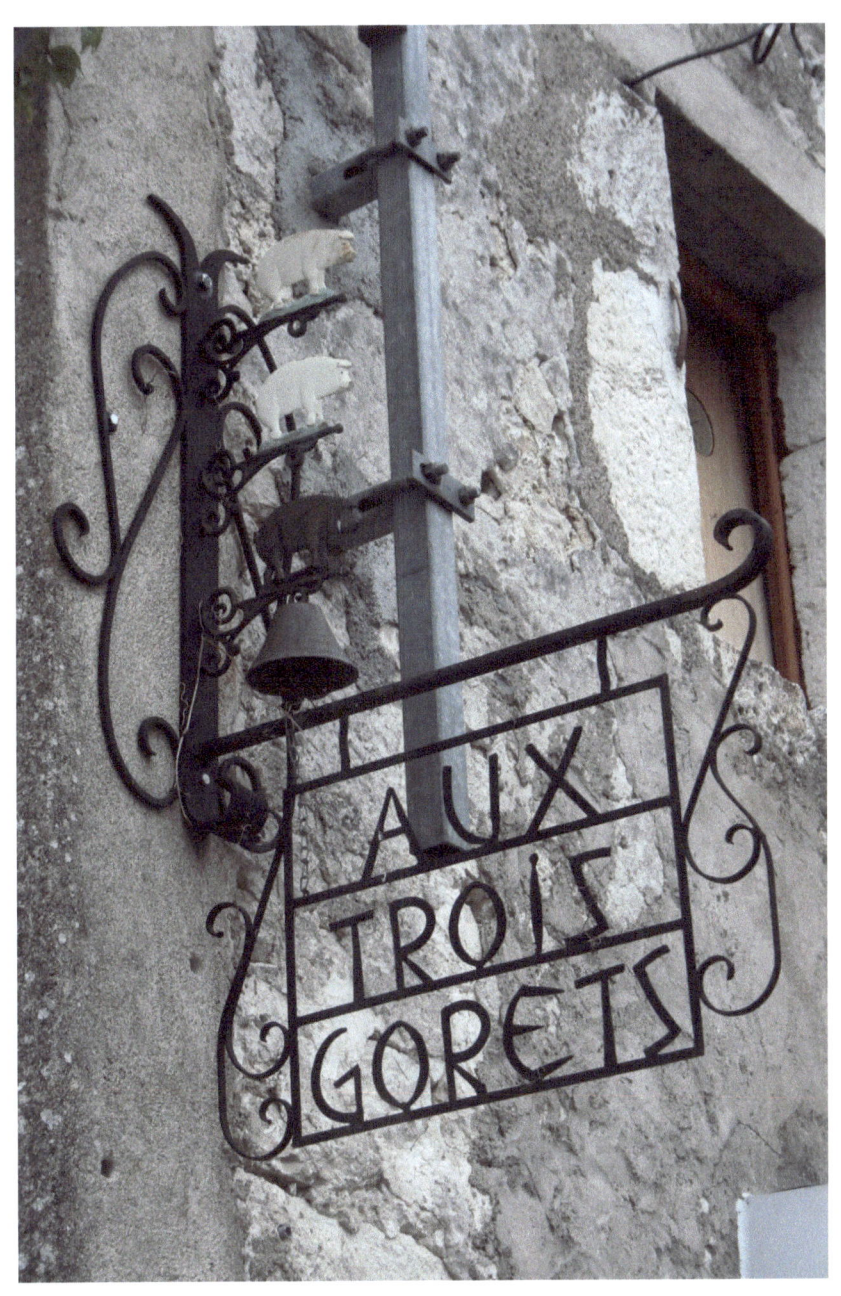

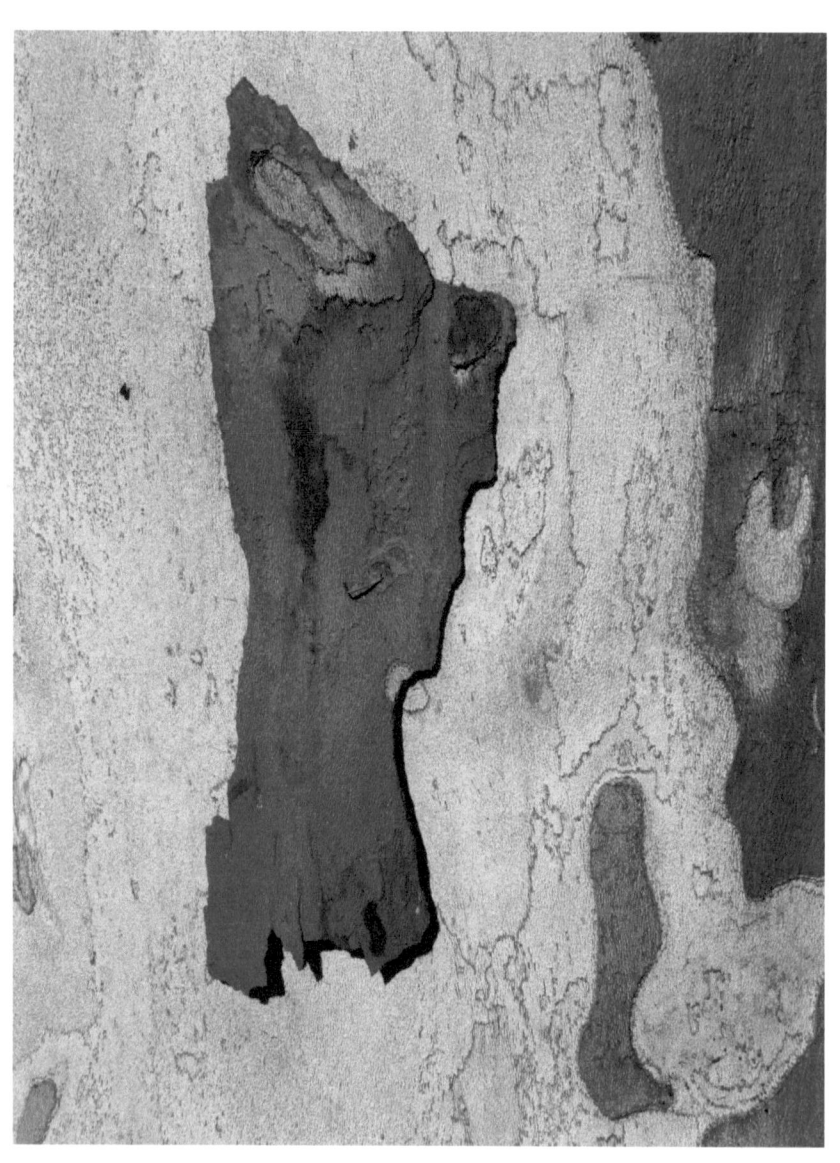

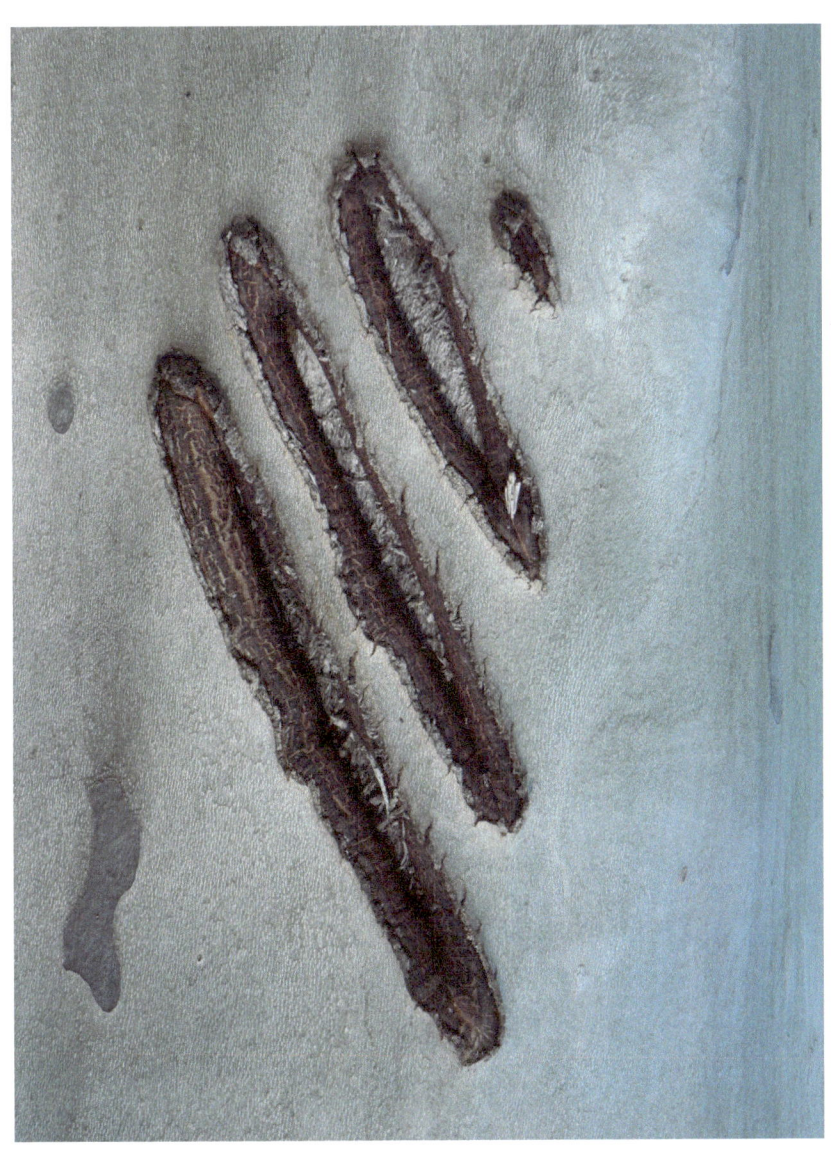

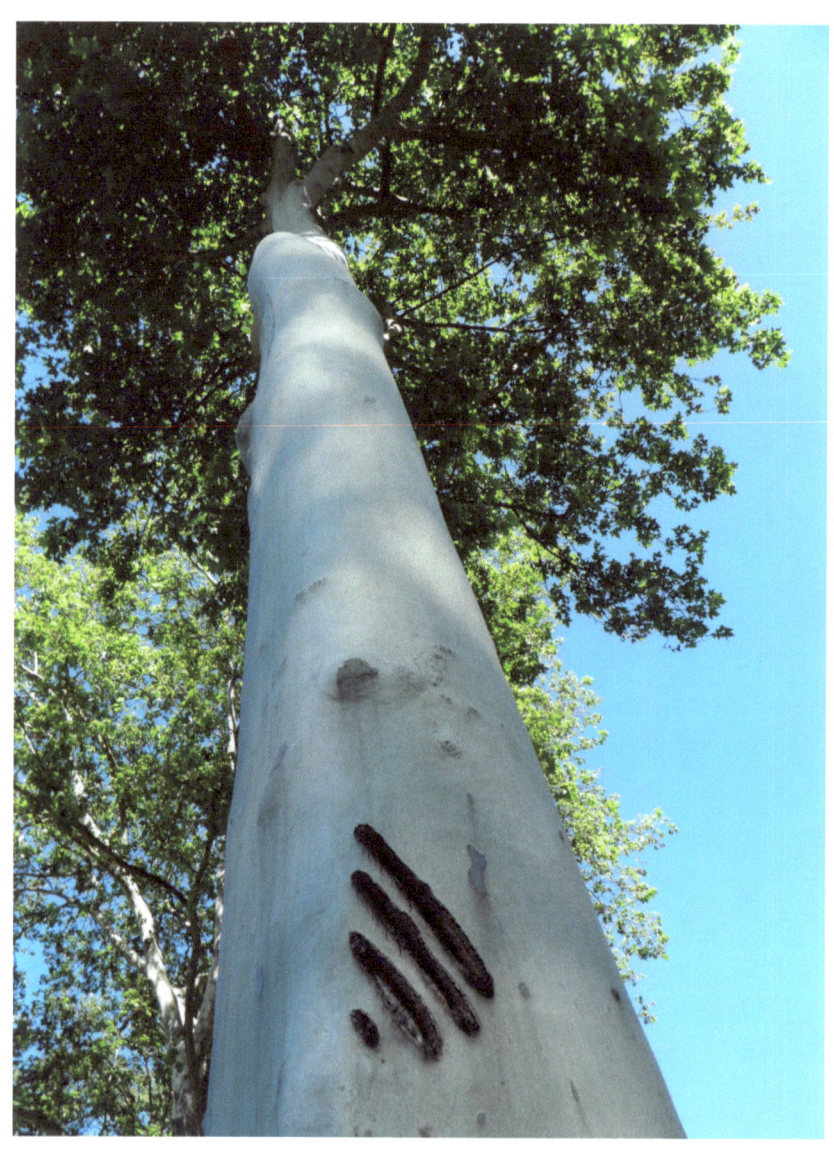

J'aime les platanes... Et les regarde... Pas vous ?

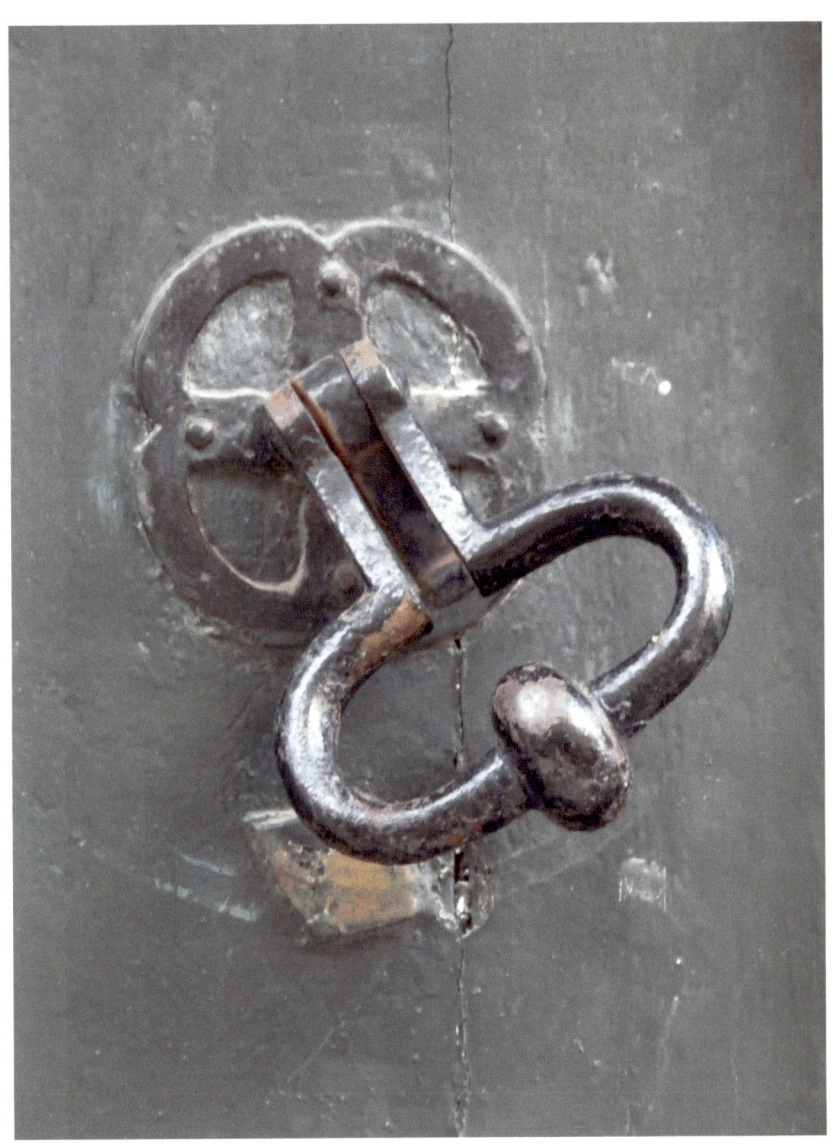

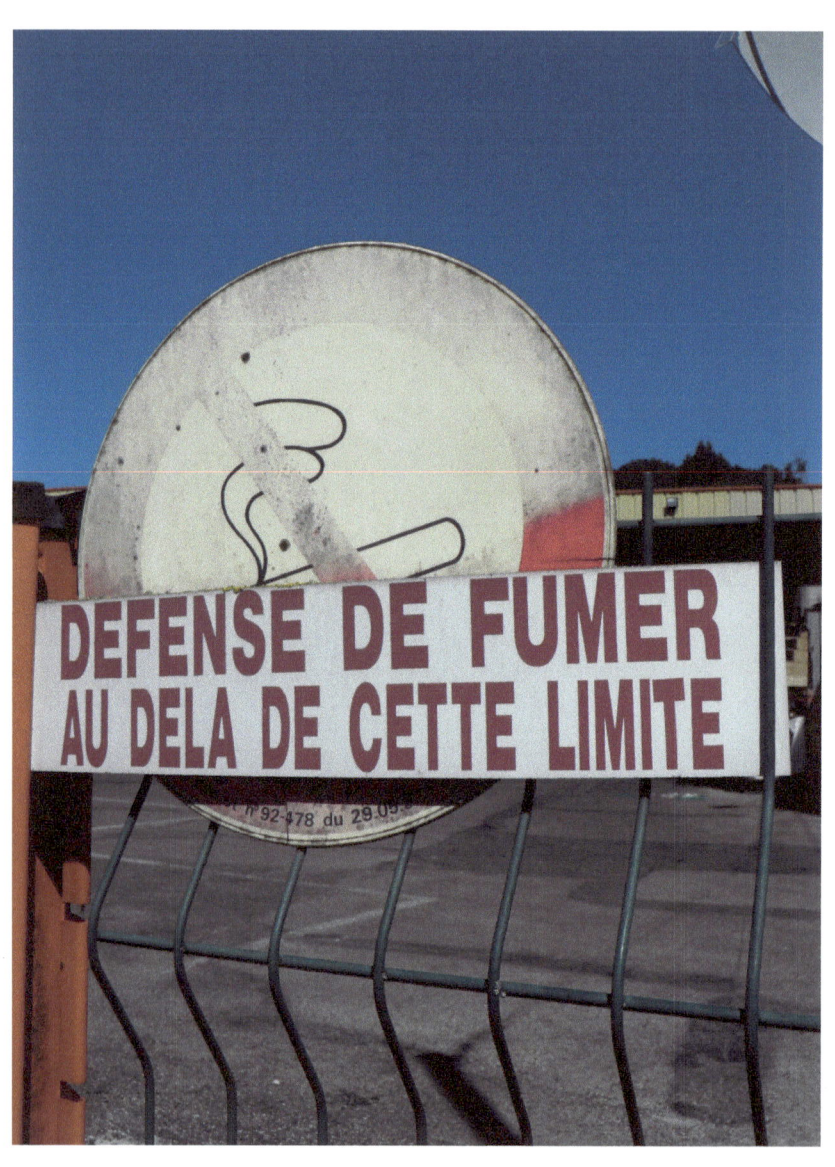

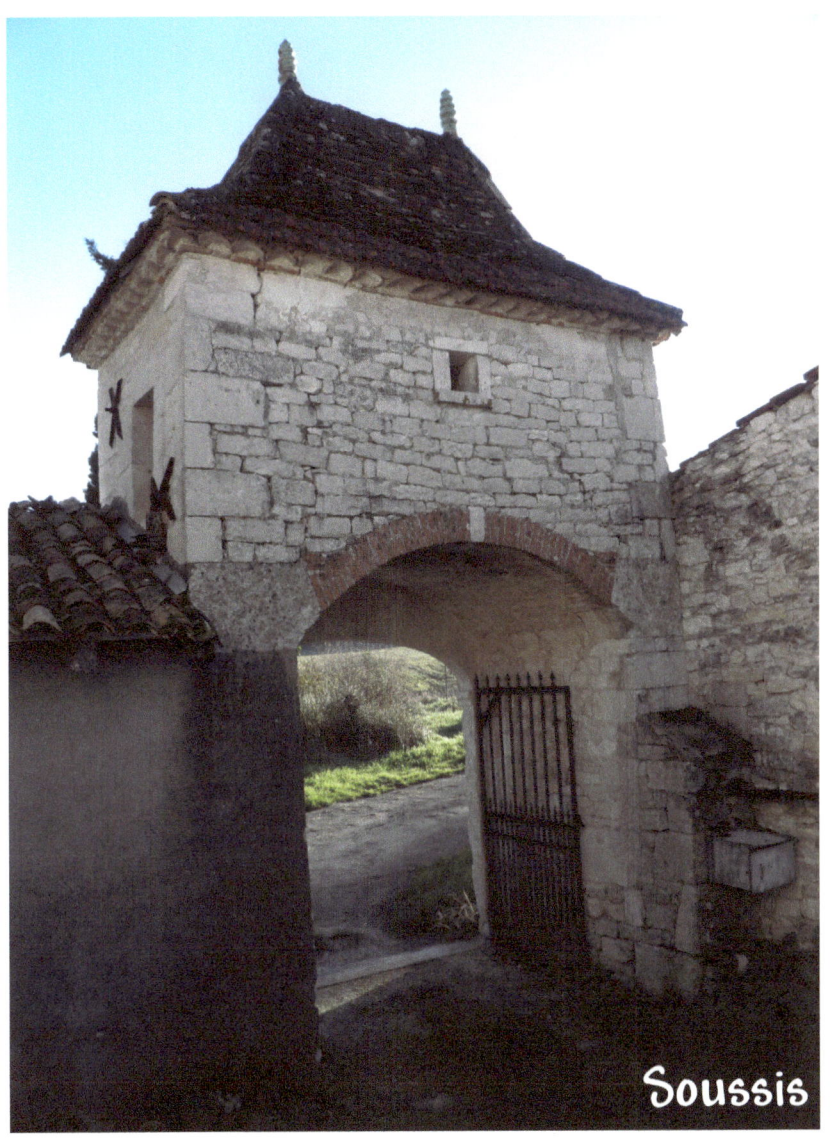

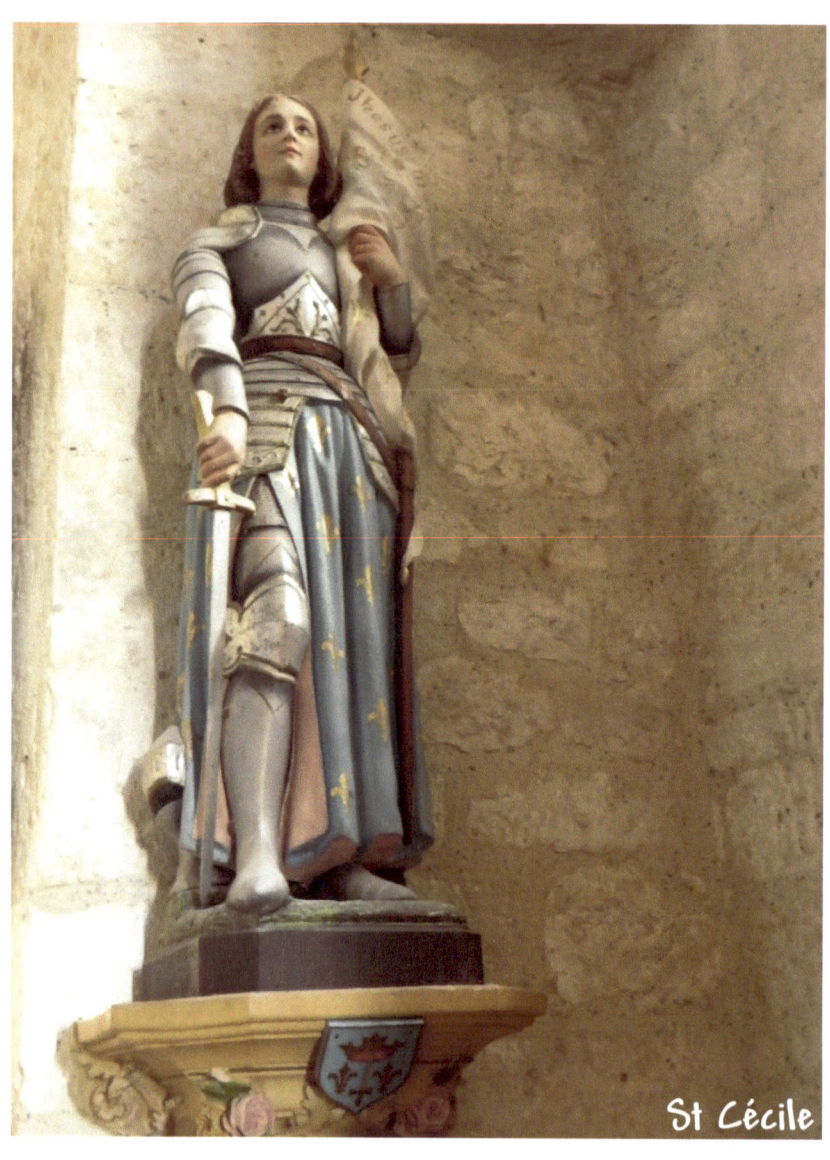

St Cécile

Très présente, la Jeanne D'Arc... Peut-être en souvenir d'un temps où les anglais se lançaient régulièrement à l'abordage du territoire ?

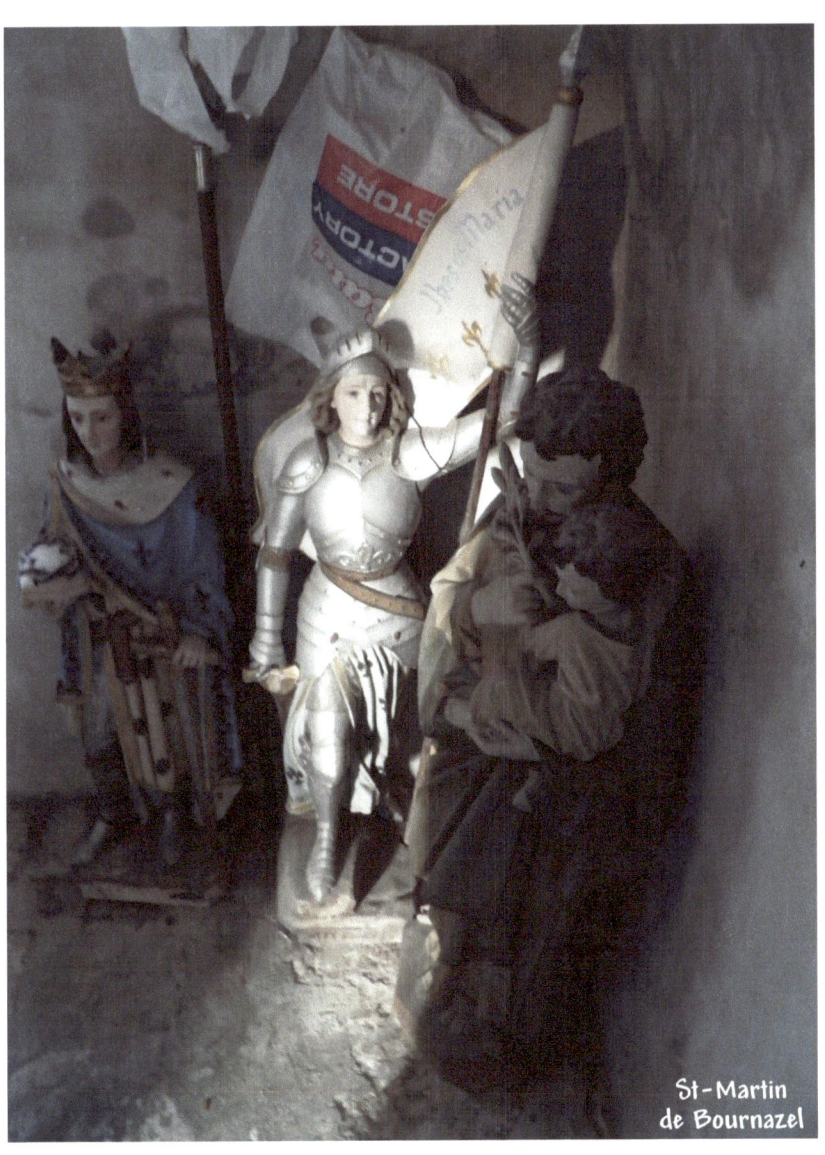
St-Martin de Bournazel

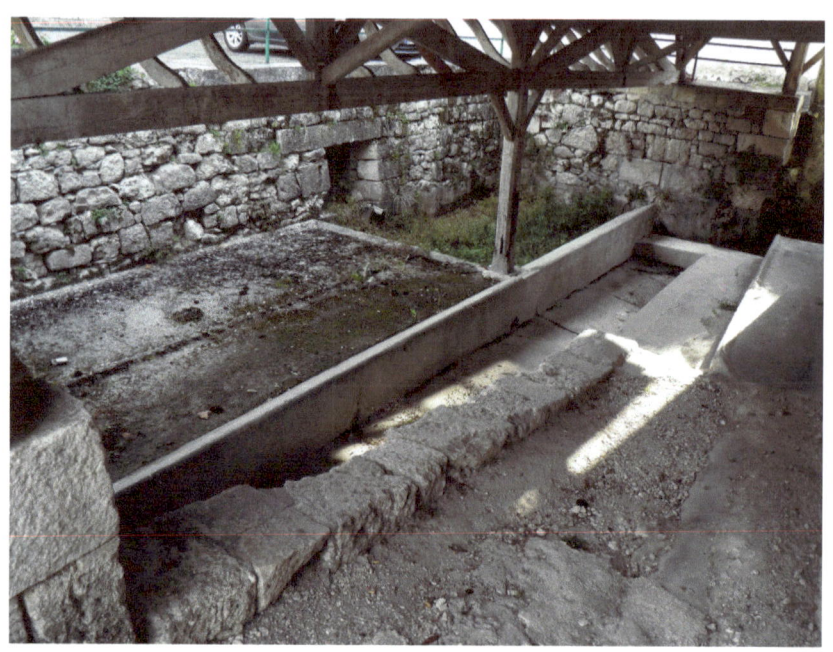

Autre regard sur le lavoir près de la fontaine du "centre".

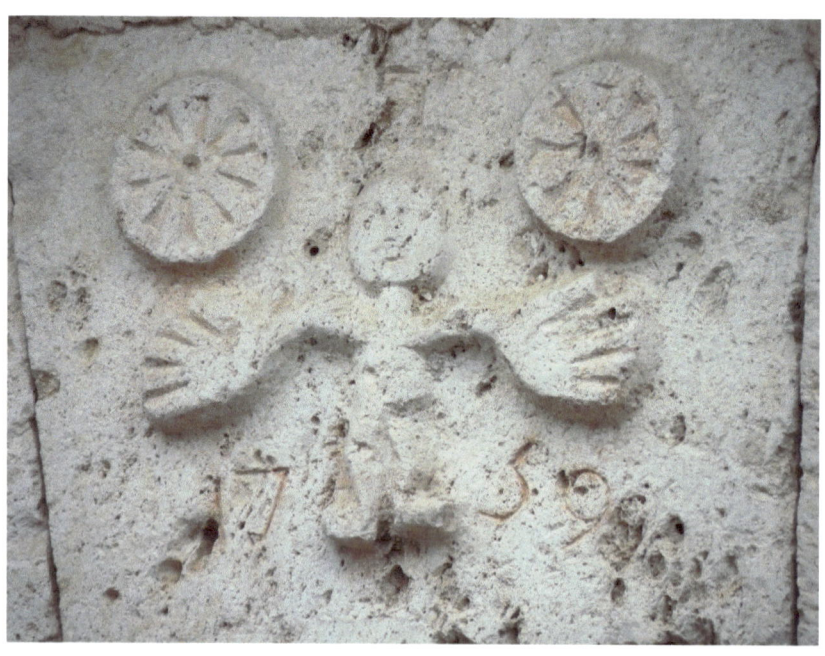

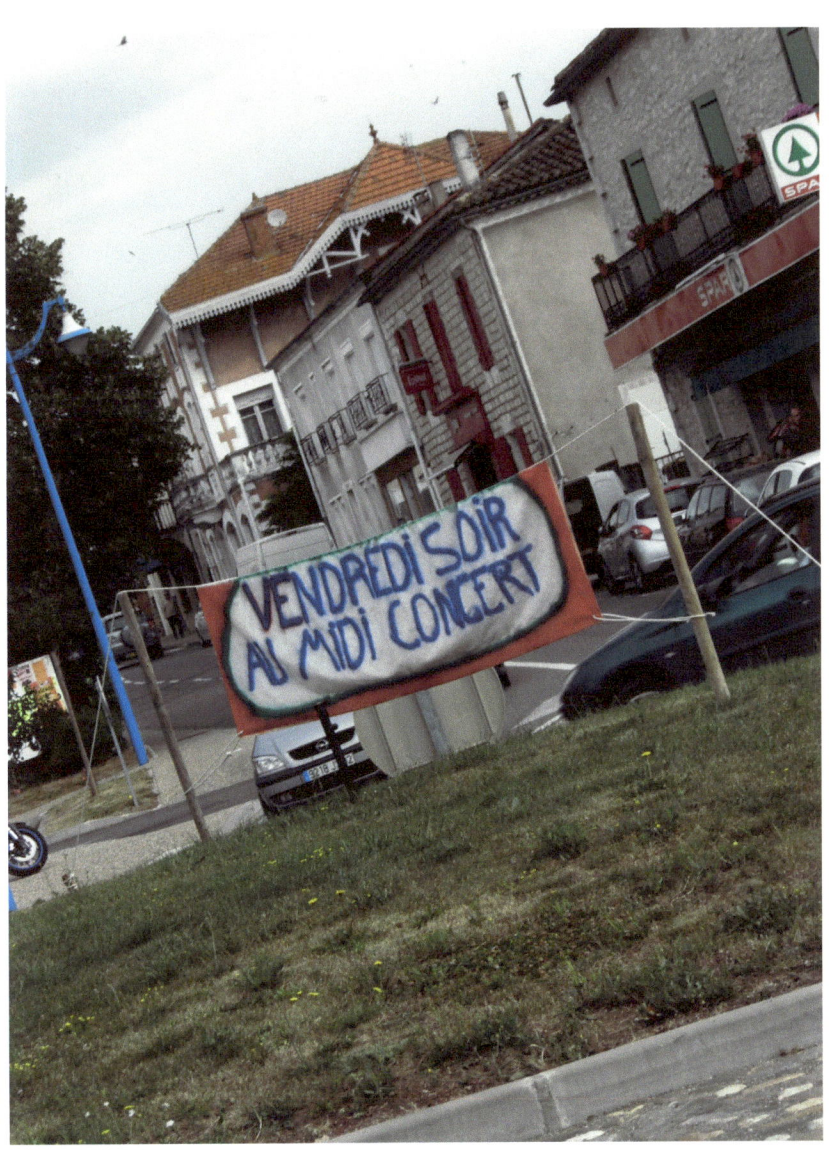

À quelle heure ?

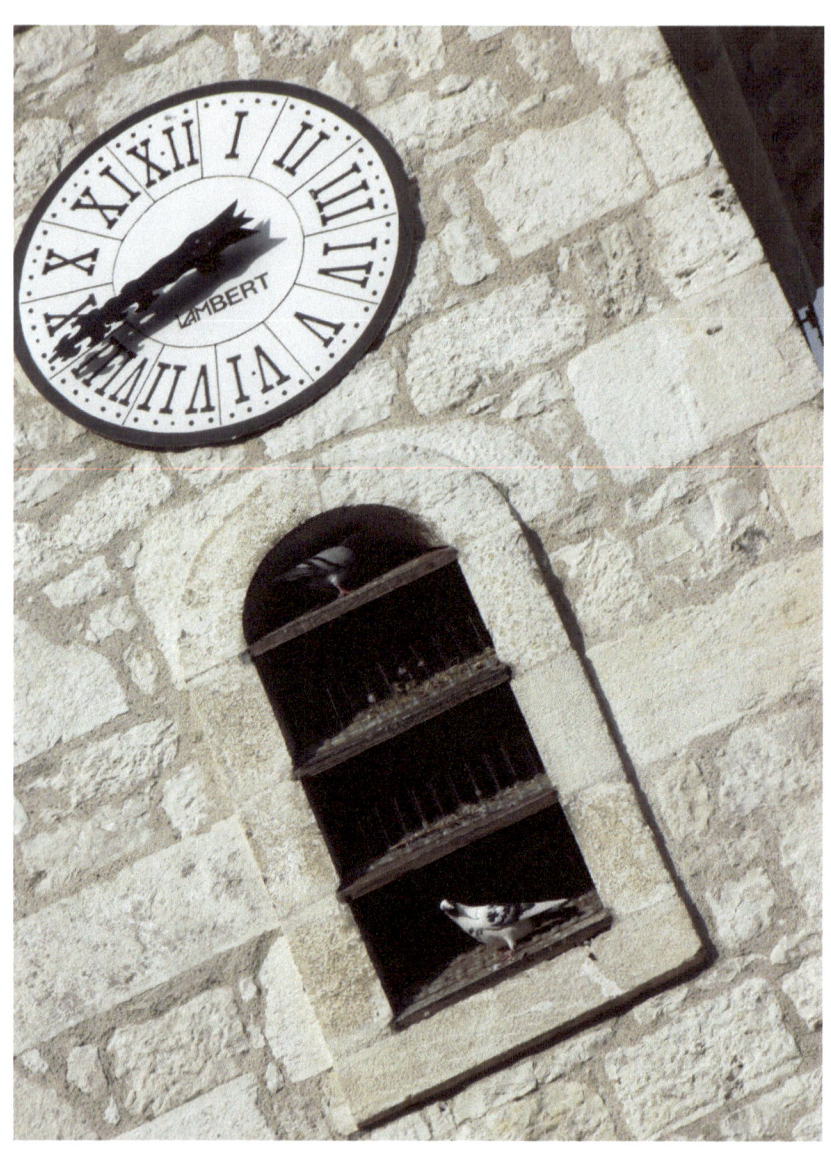

L'heure des pigeons ?

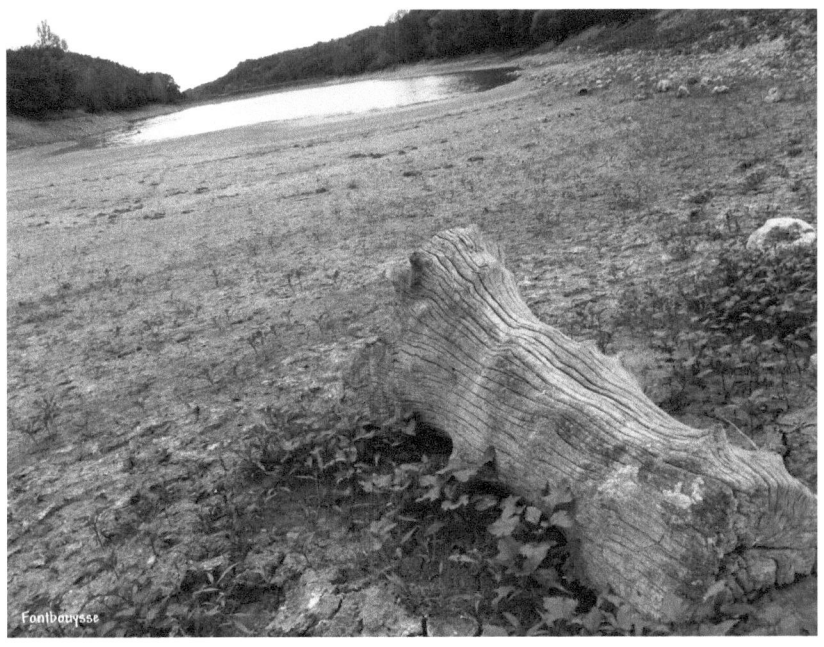

Marchons du côté de Fontbouysse... Main dans la main ? Le dimanche ? Allons à la campagne...

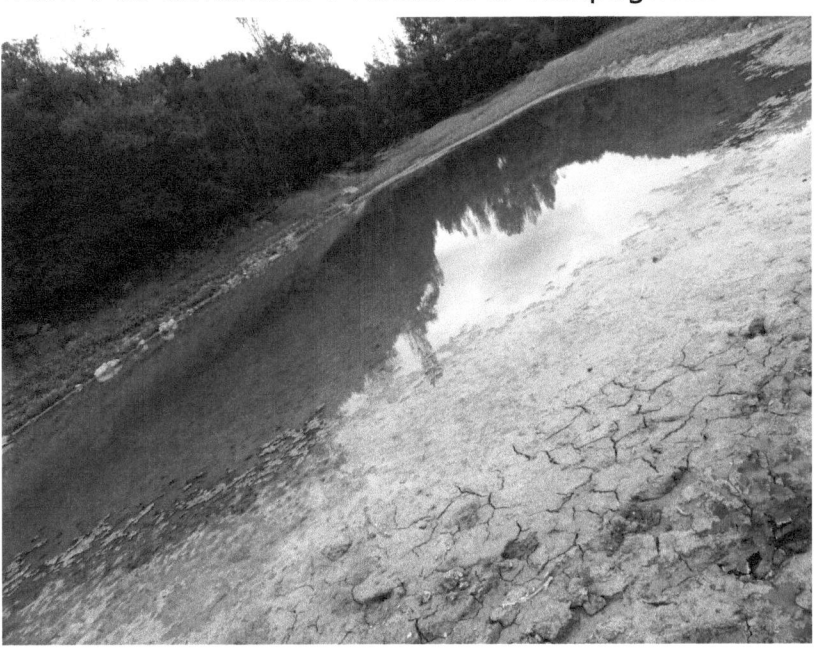

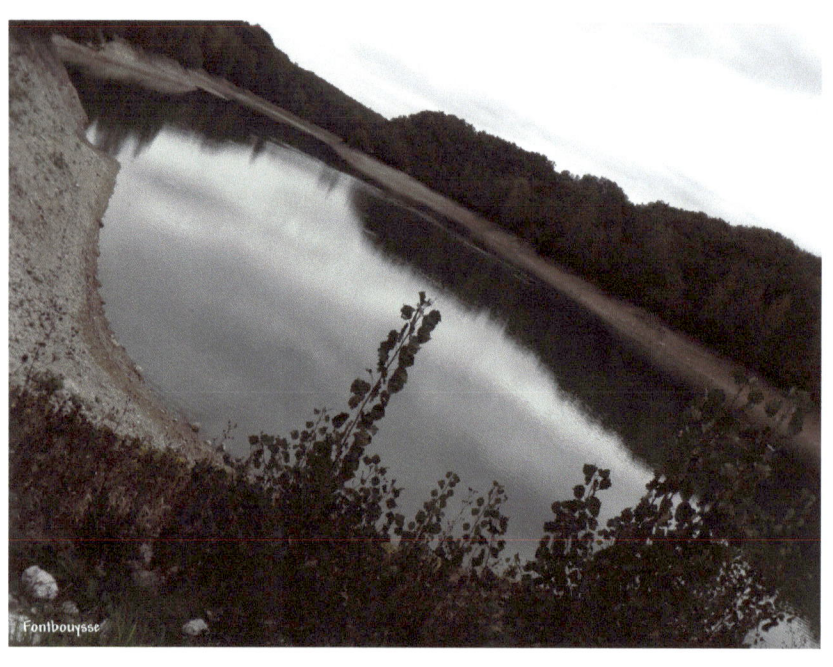

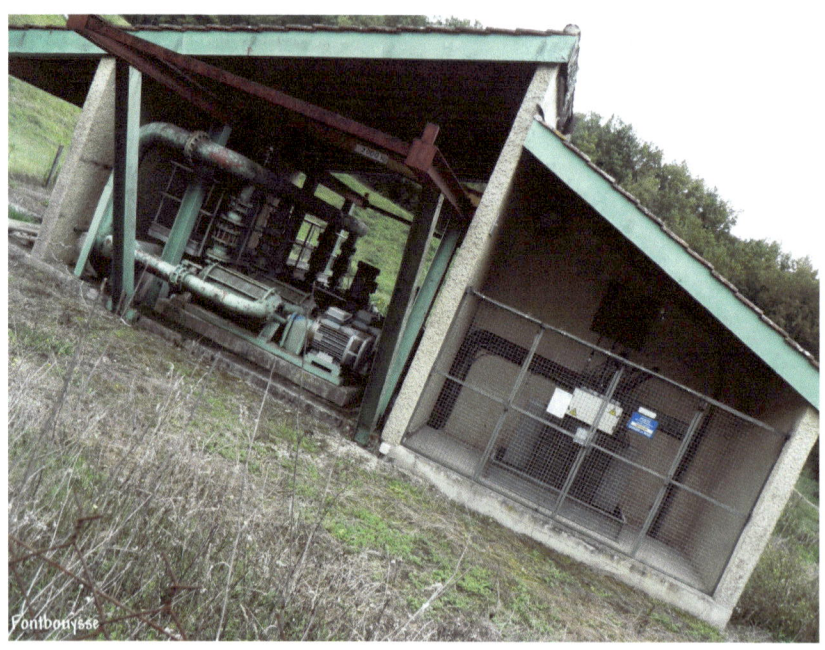

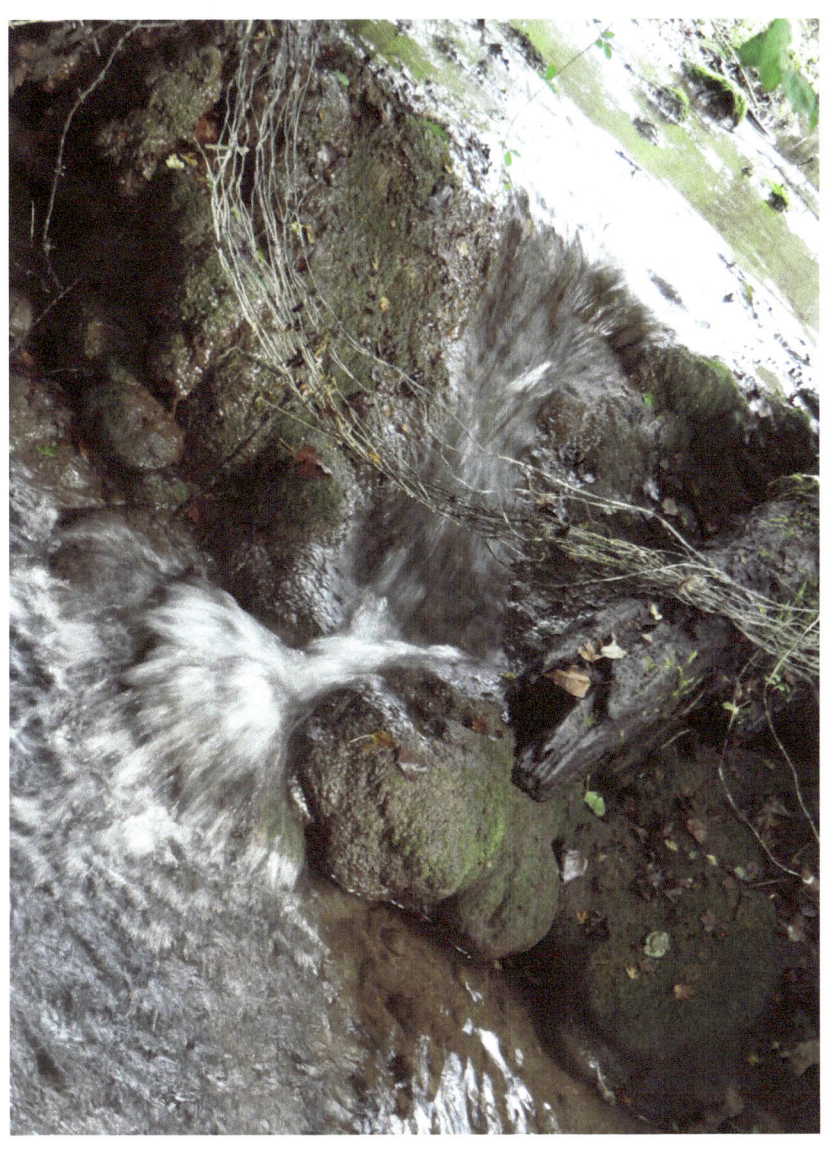

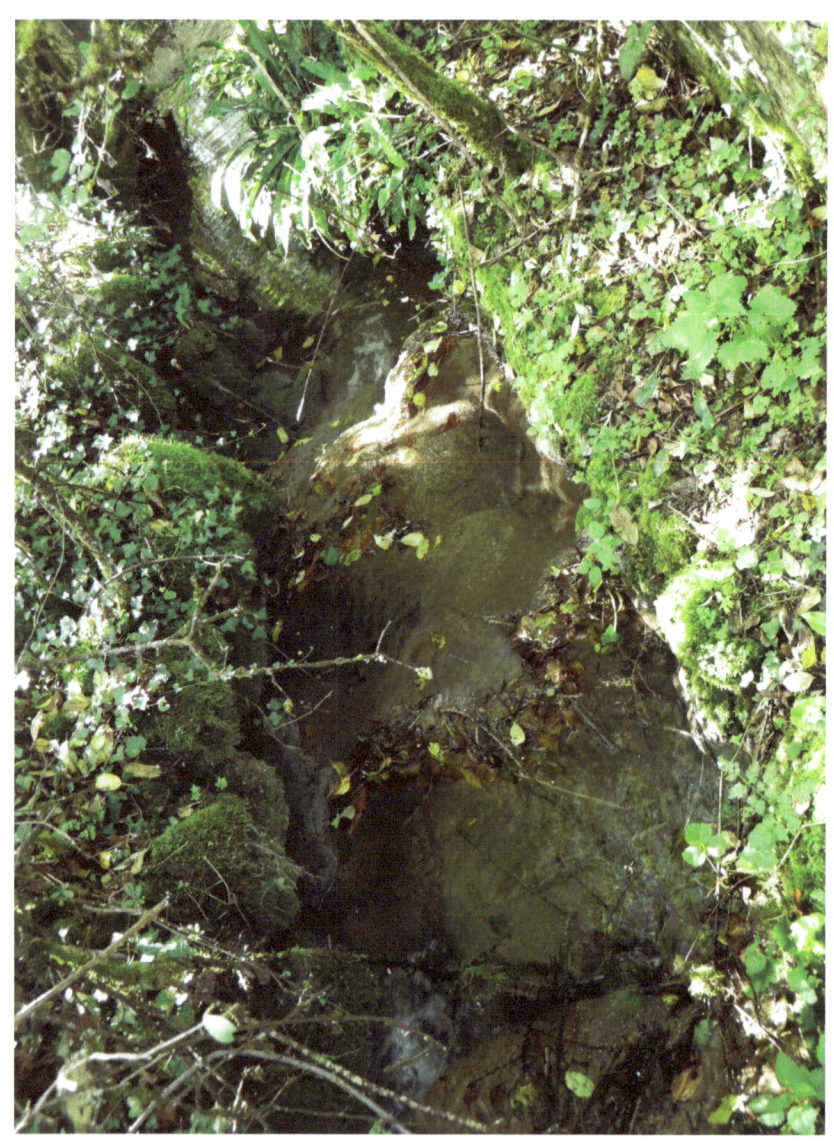

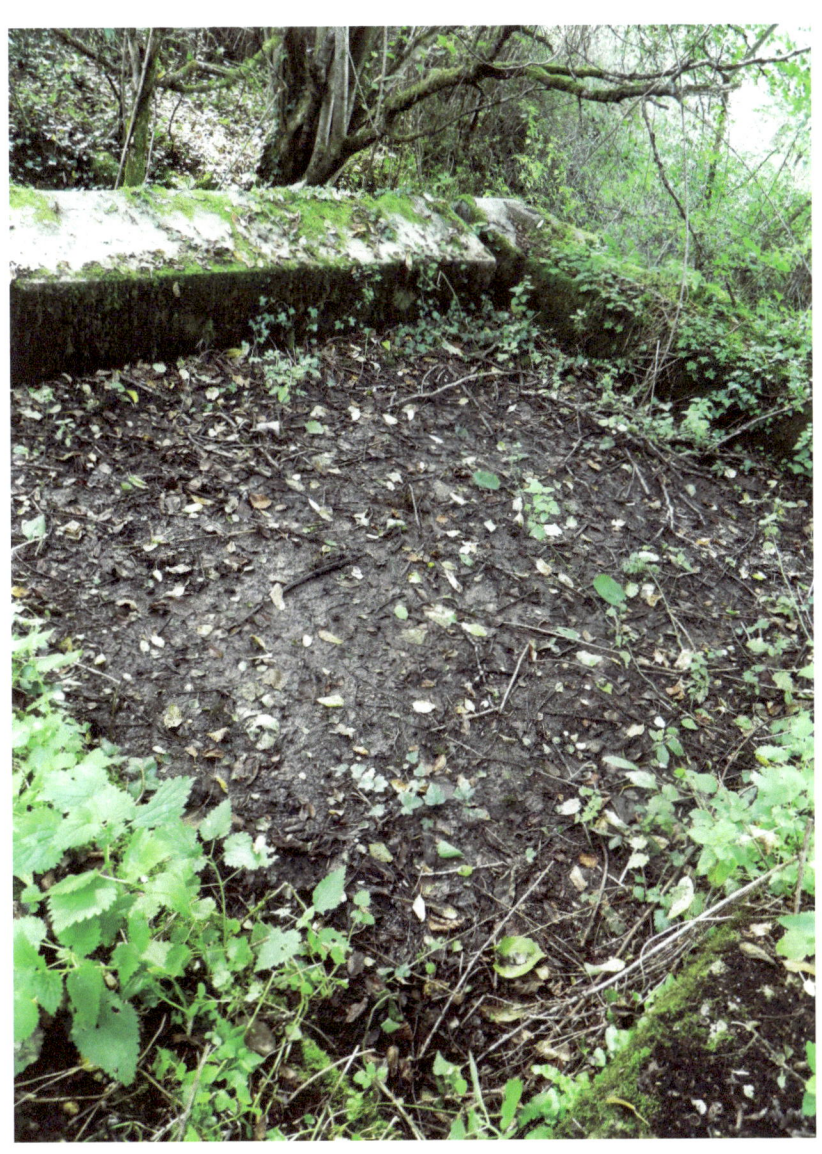

Oui, un lavoir... Une rencontre...

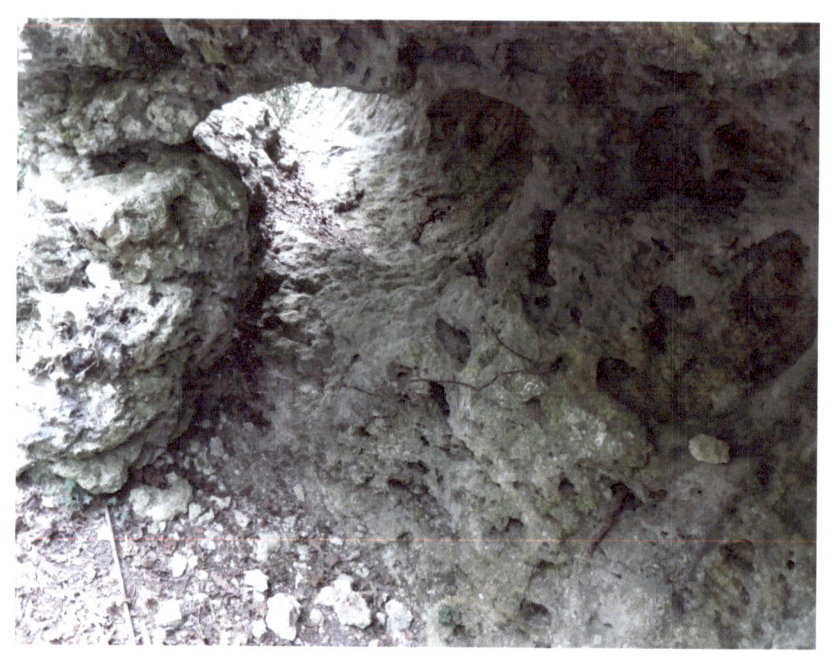

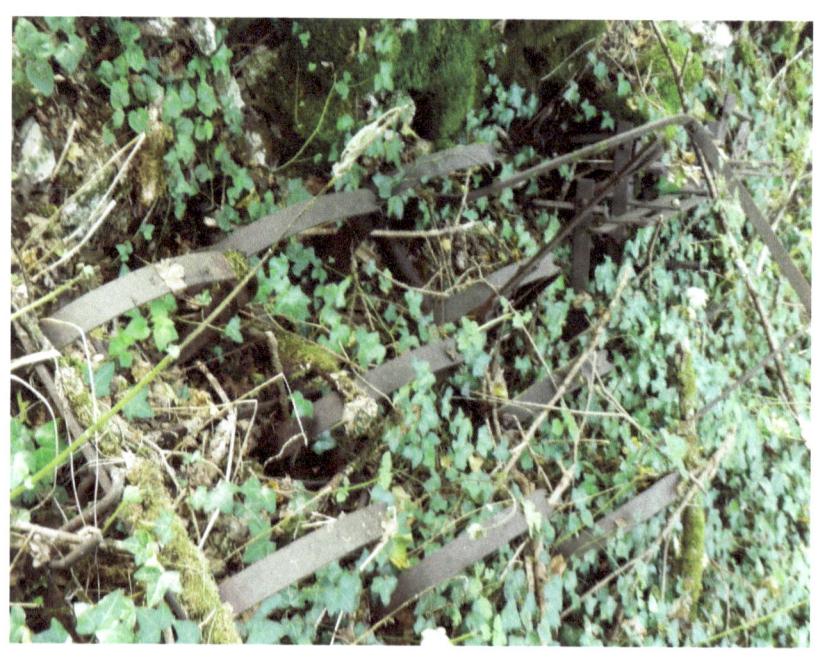

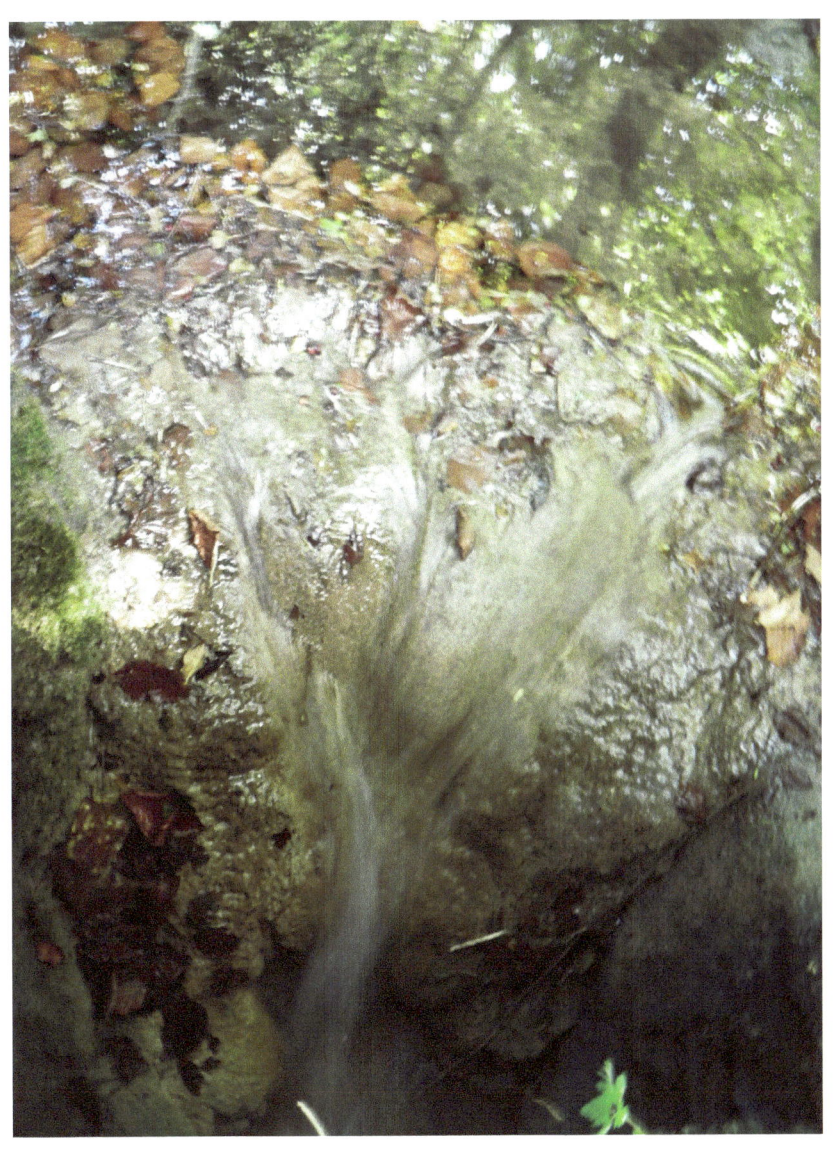

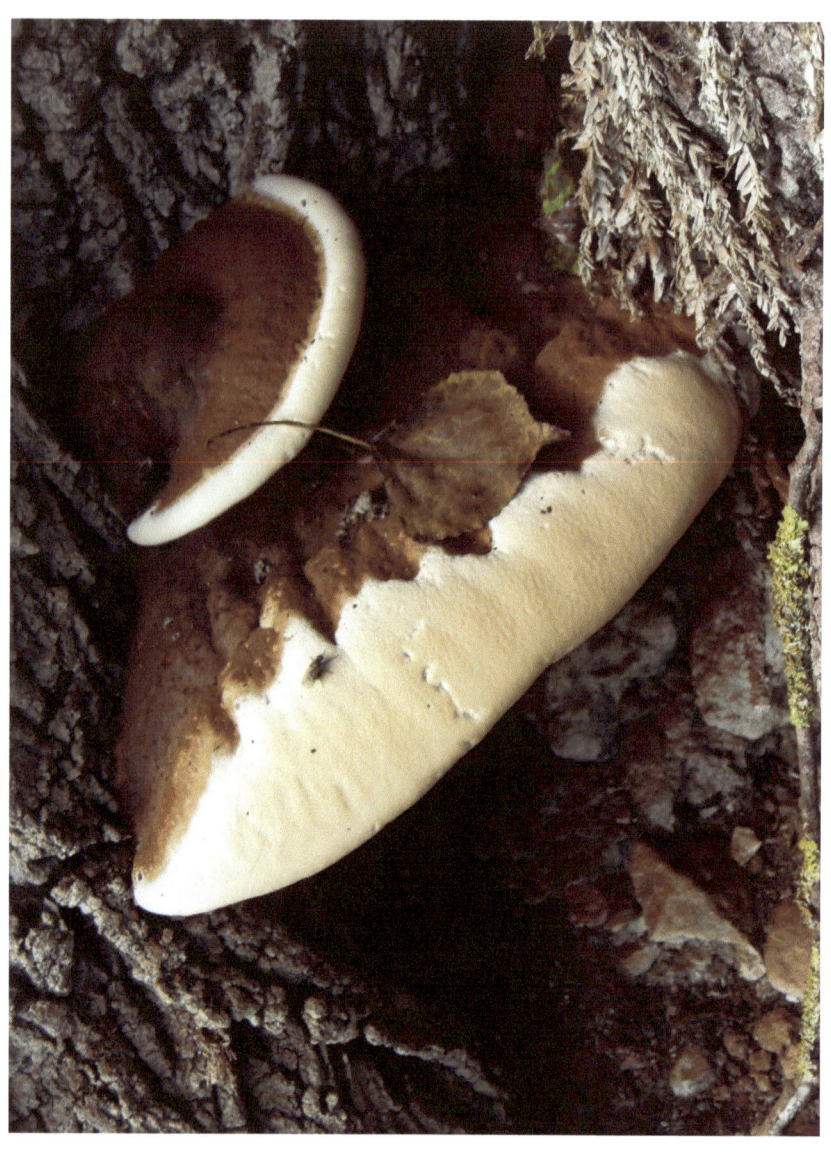

Je ne touche pas aux champignons...

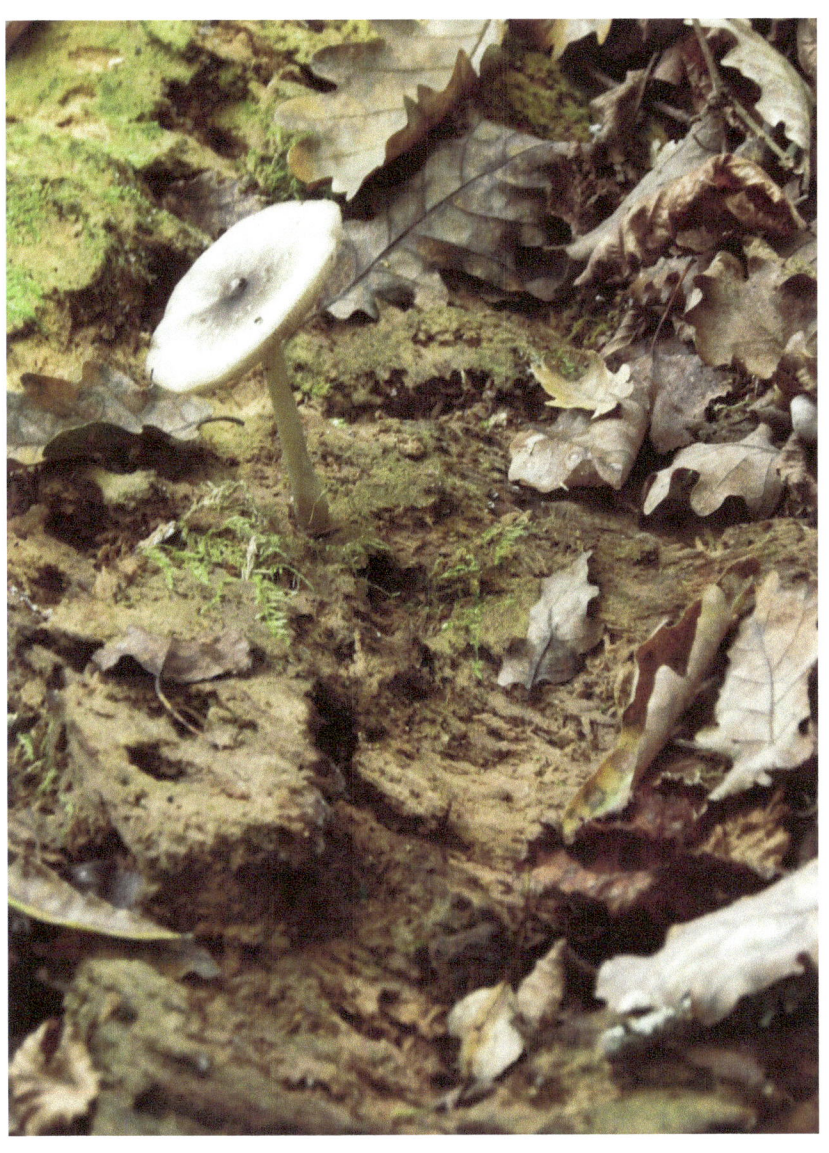

Qu'ils soient des arbres ou du sol...

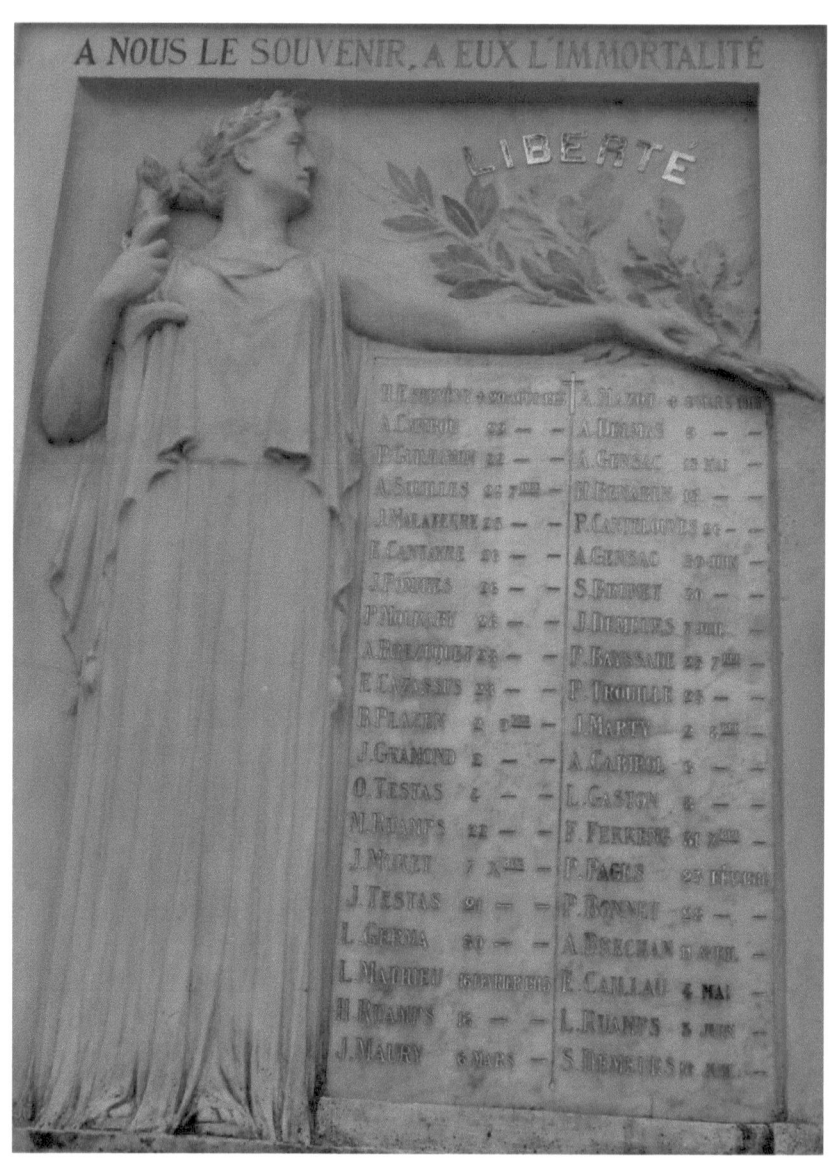

À eux l'immortalité ? J'ai des doutes... même au sujet du souvenir et de la liberté...

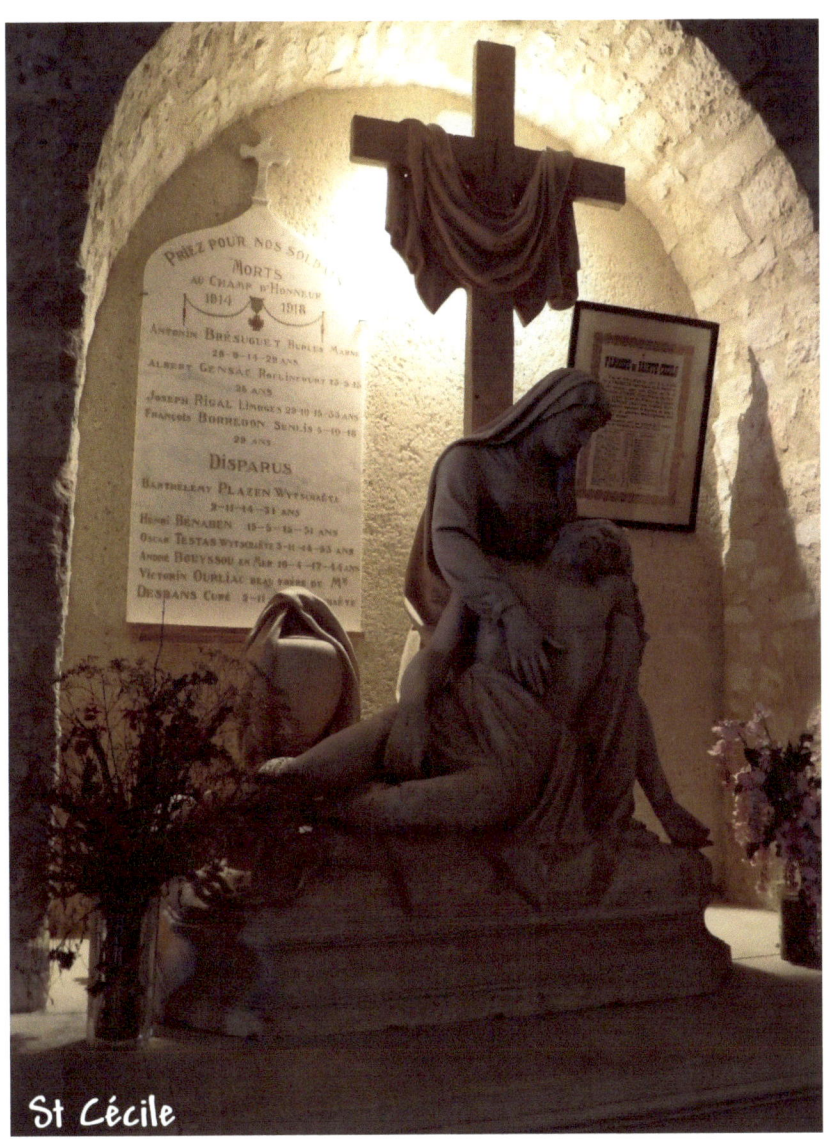

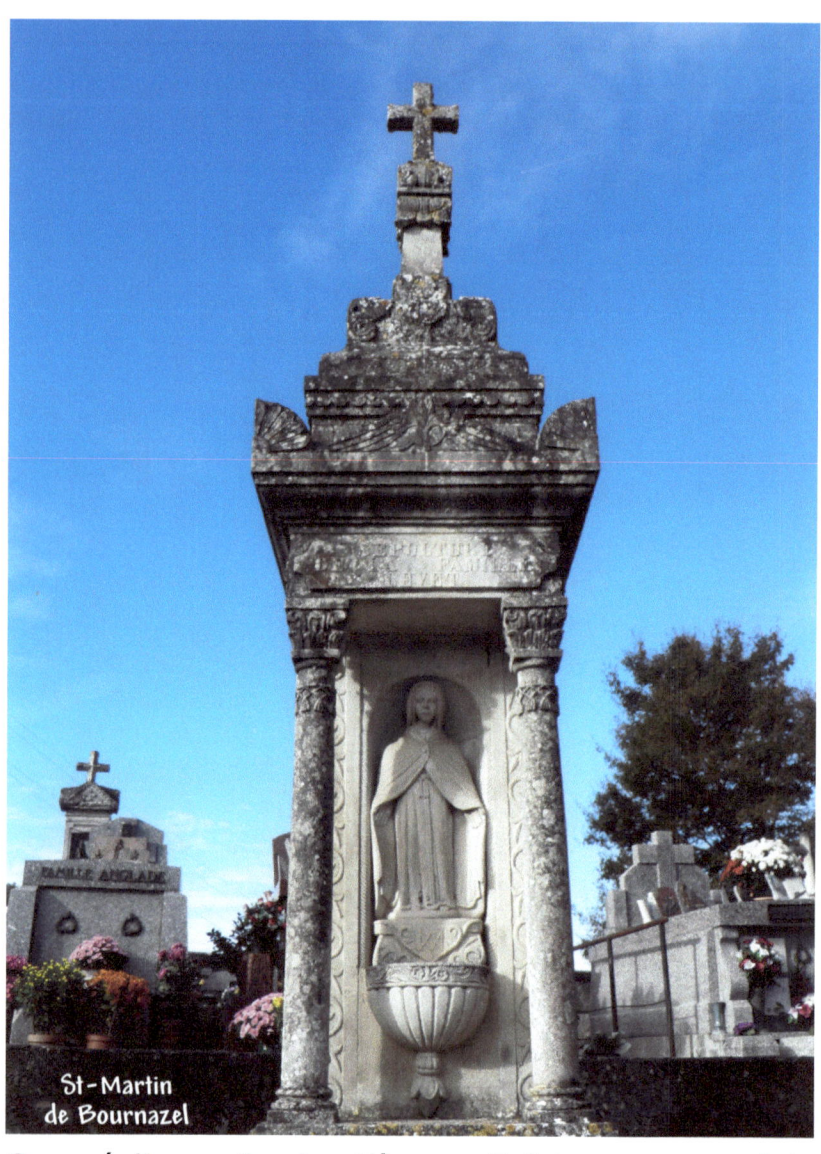

St-Martin de Bournazel

Onze églises, dix cimetières... Il fut un temps où la mort s'accompagnait d'un désir de beauté qui dure... Avant le marbre et les concessions temporaires...

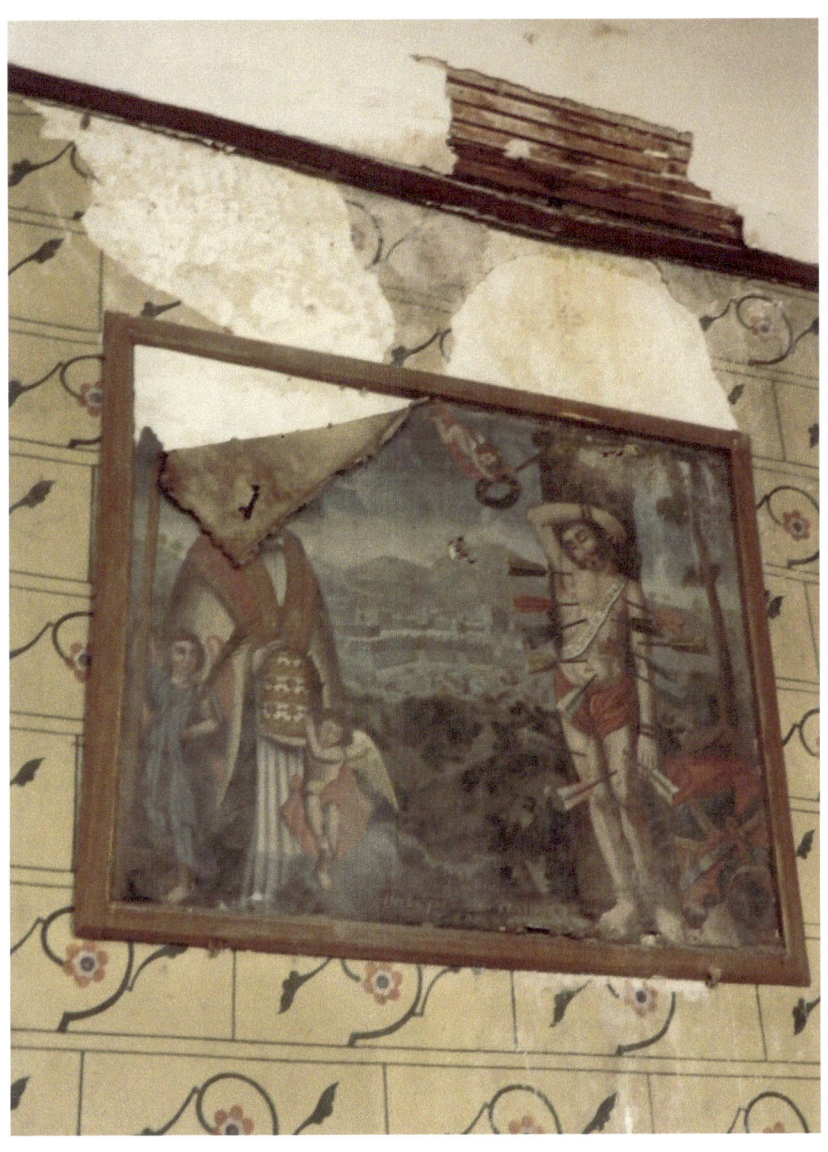

Gayetant Texidor, son étonnant tableau de Saint Sébastien, toujours visible en l'église Saint Martin de Bournazel.

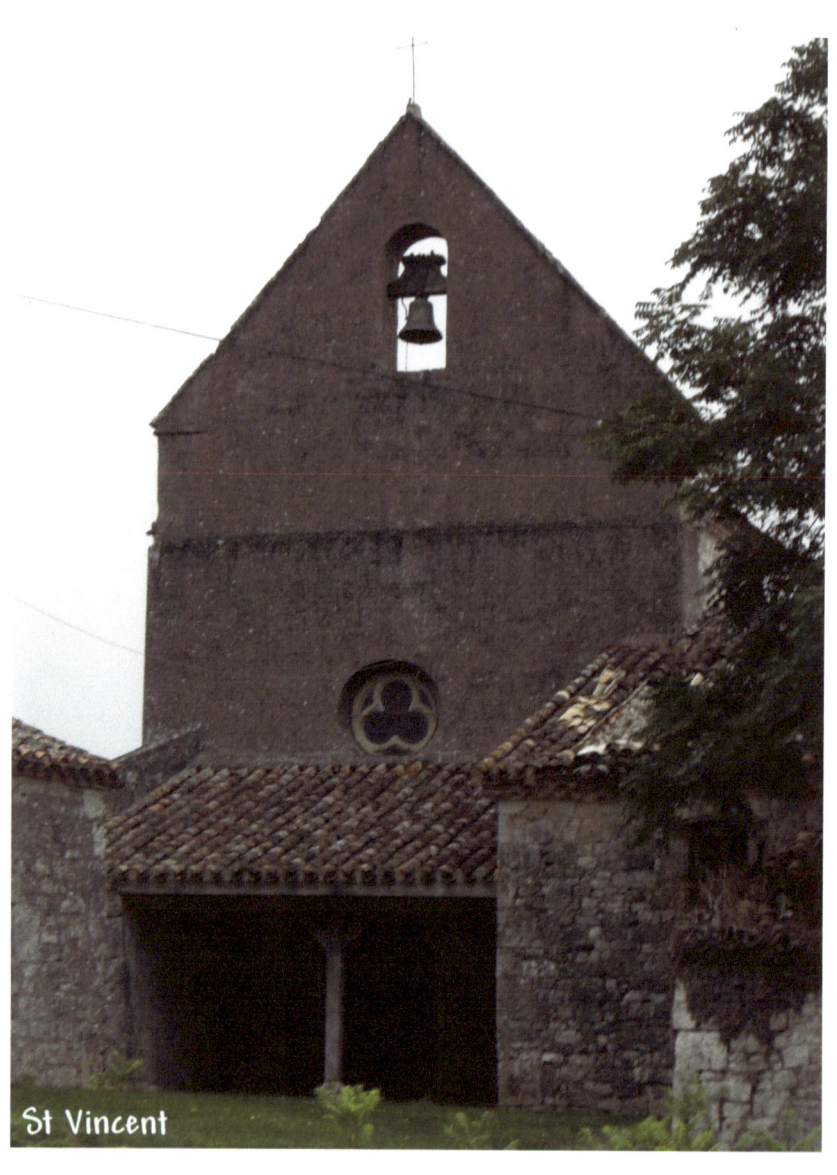

Le clocher-mur est fréquent en Tarn-et-Garonne...

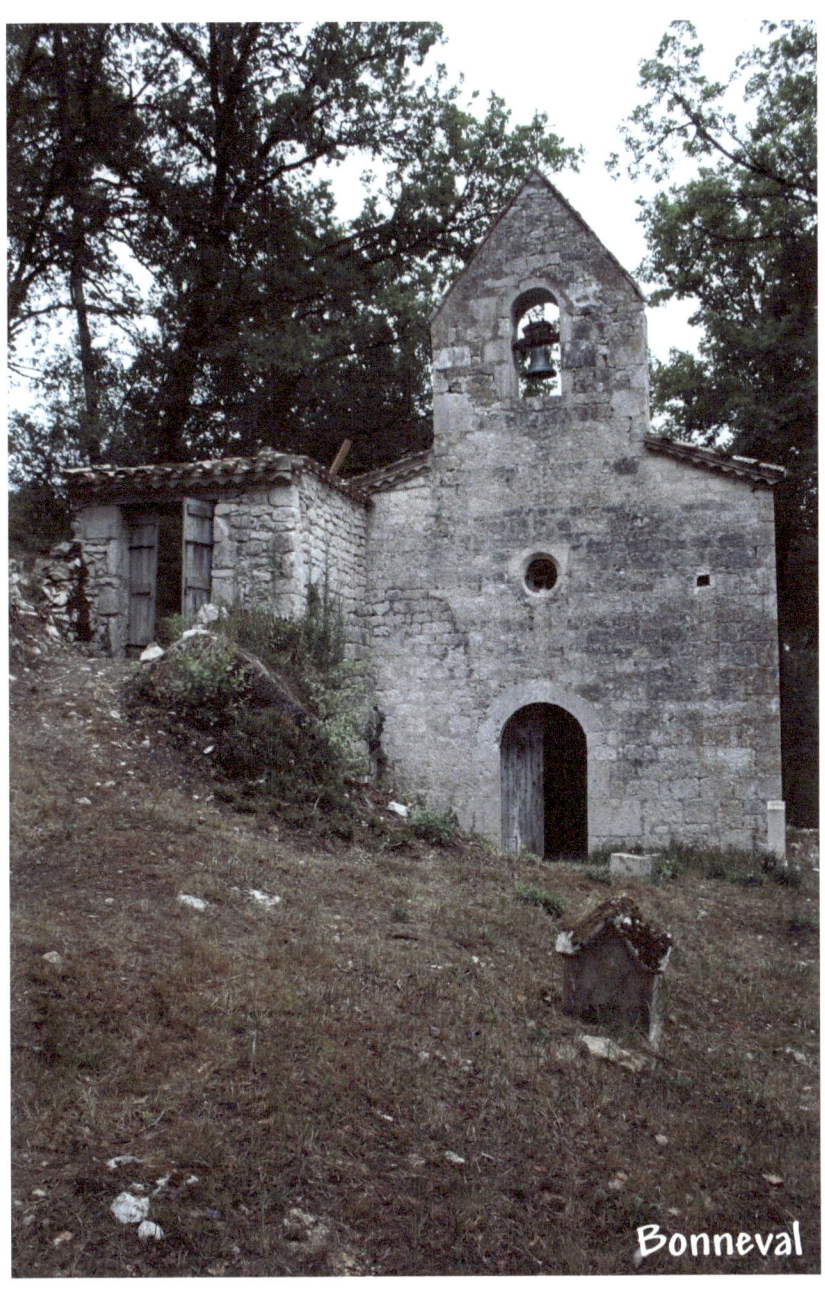

Officiellement, cette église ne se visite pas... mais sa porte est ouverte...

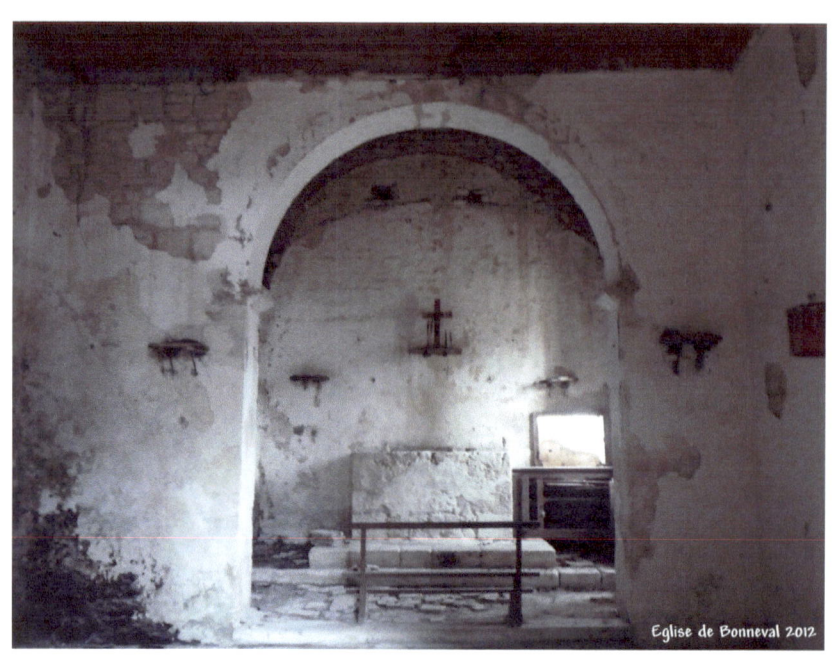
Eglise de Bonneval 2012

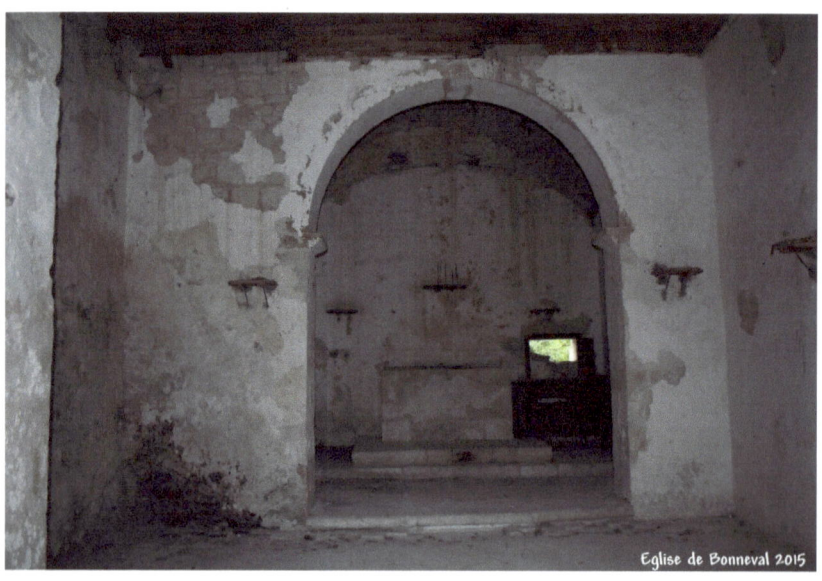
Eglise de Bonneval 2015

Avec le temps ?...

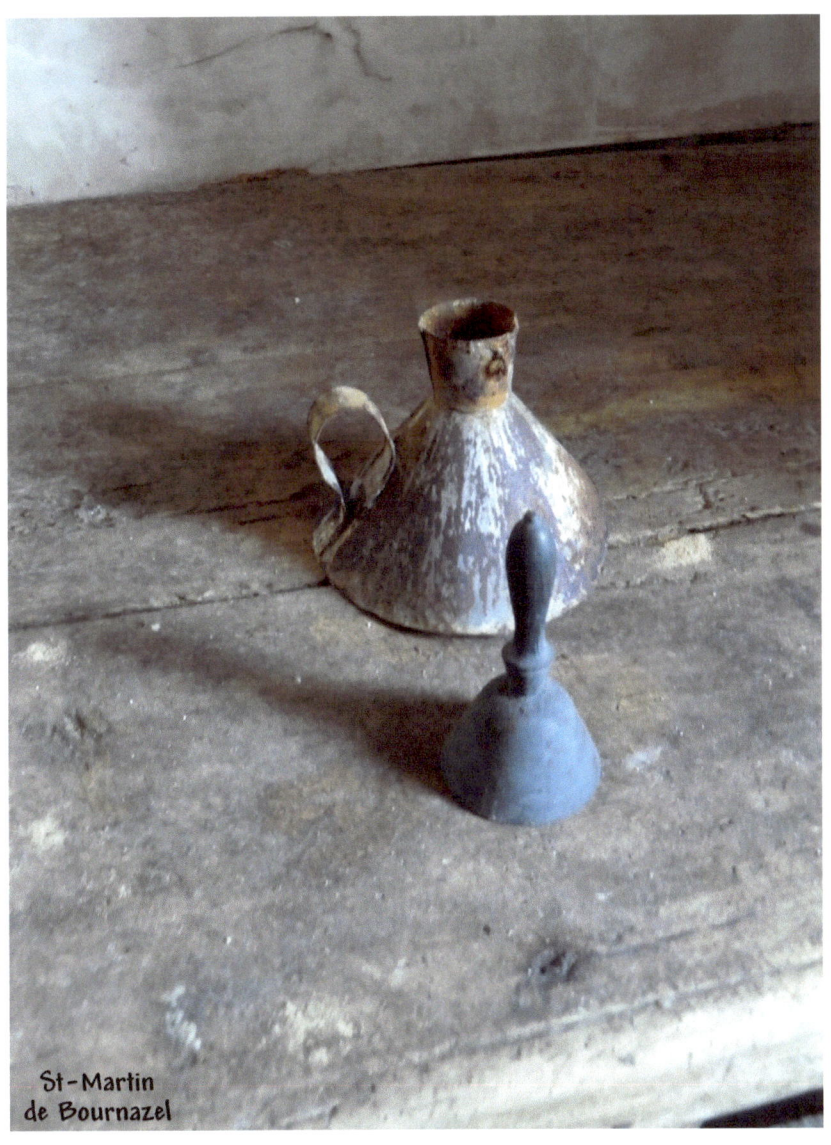
St-Martin de Bournazel

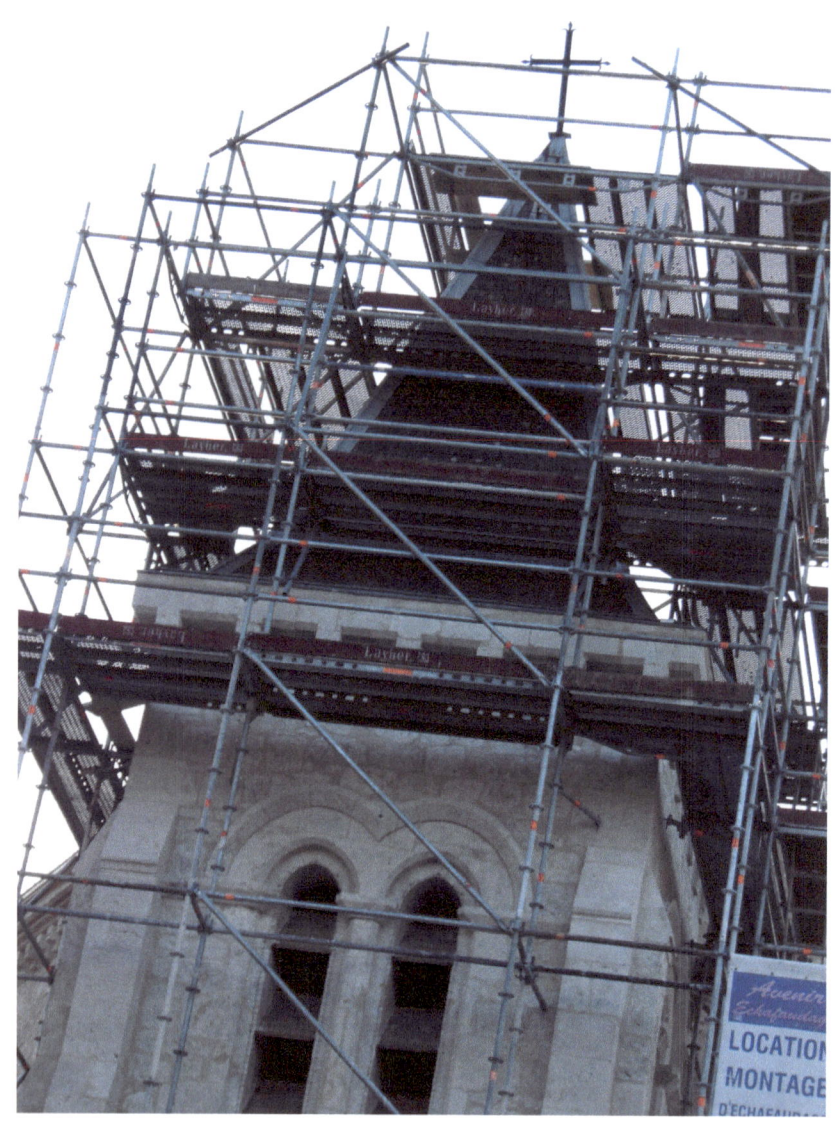

Retrouvez la croix de l'église St Michel...

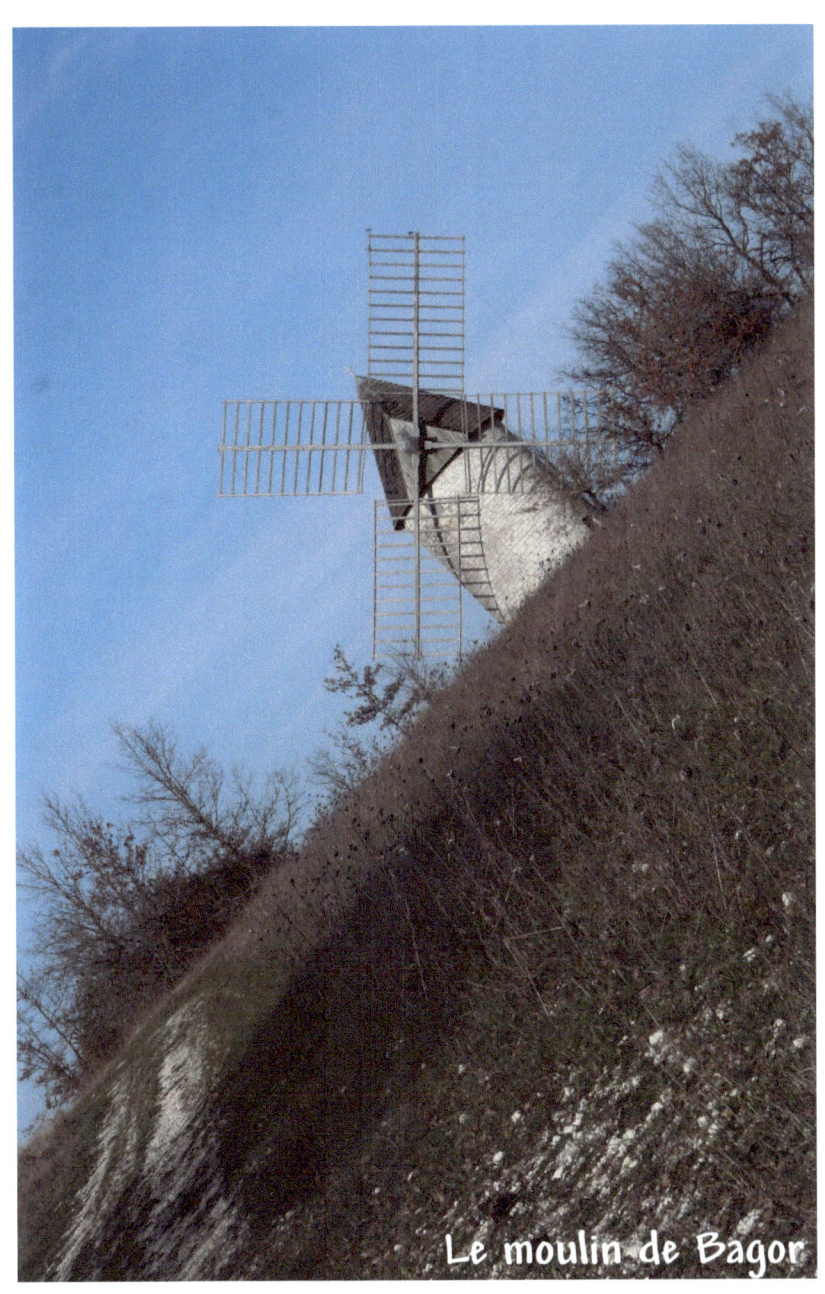
Le moulin de Bagor

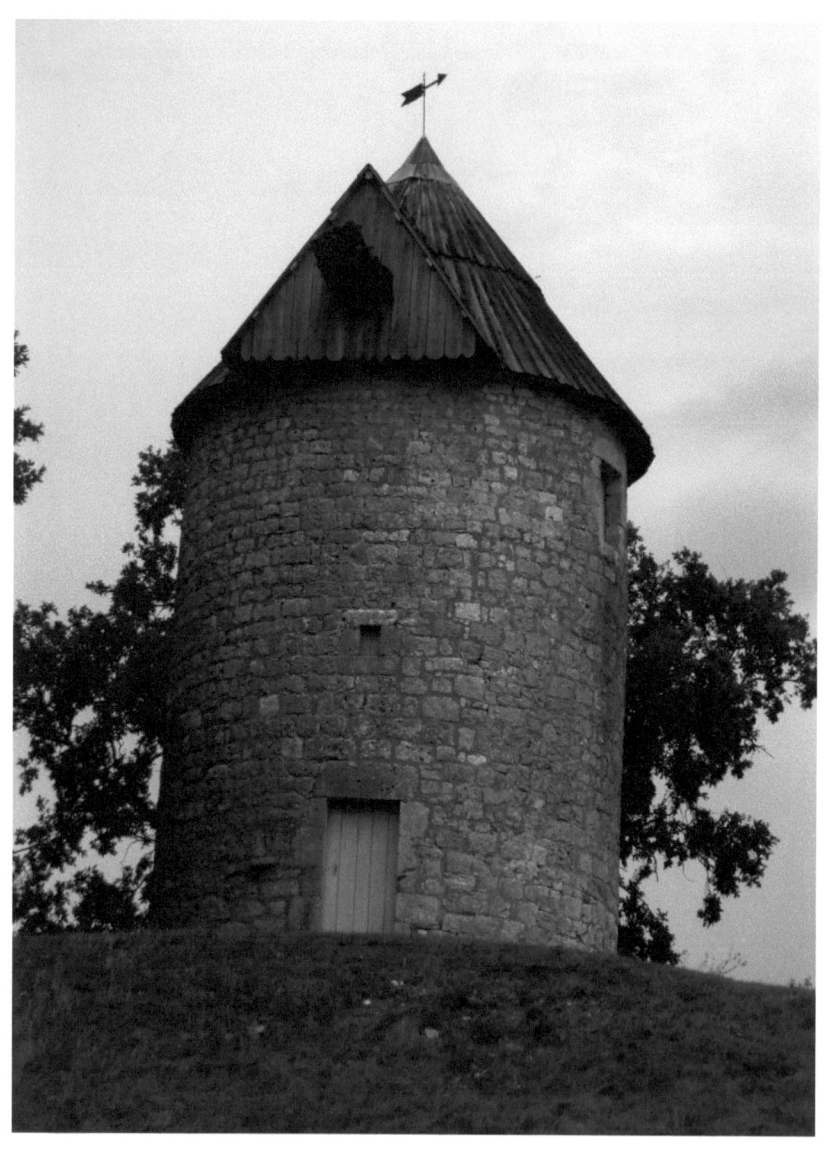

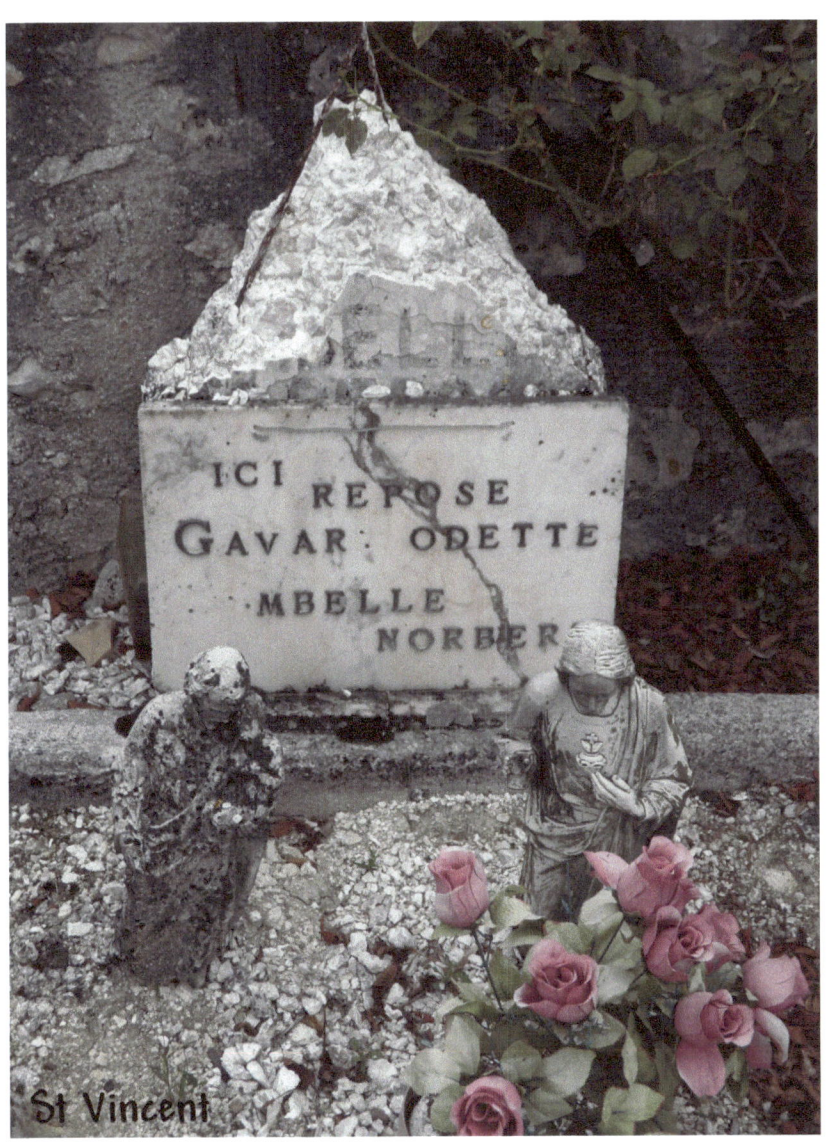

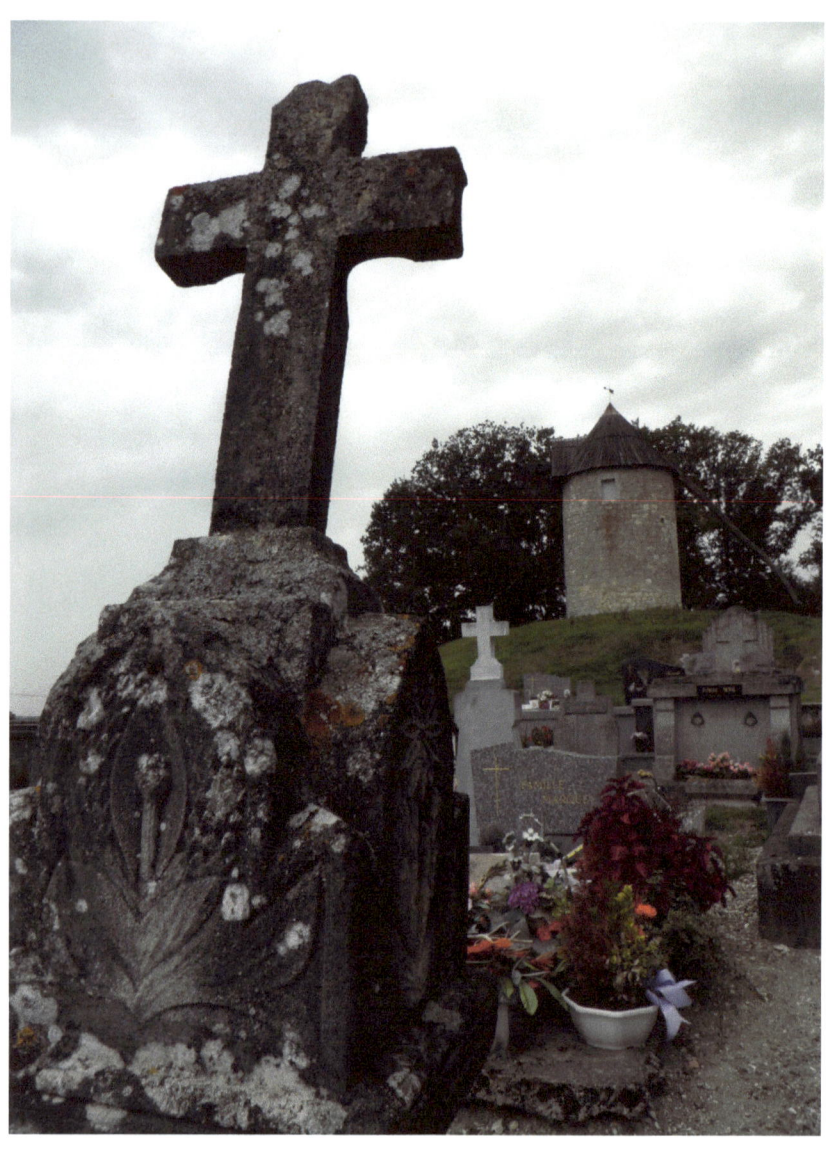

À St Vincent, le moulin, l'église et le cimetière constituaient le cœur de la vie... Car la mort, nous le savons bien, est inscrite en nous...

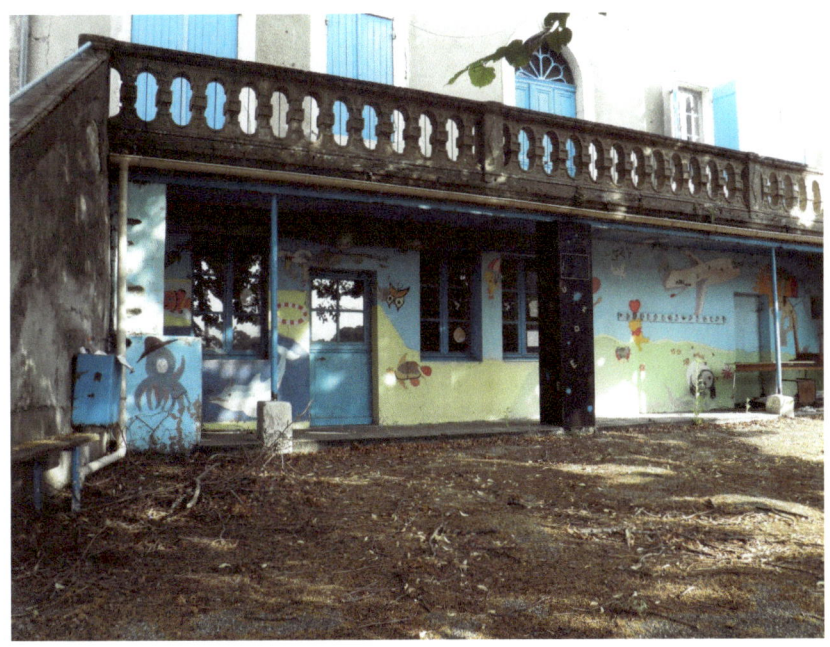

La mobilisation des laïcs pour l'école privée n'a pas empêché sa fermeture... Une page se tournait...

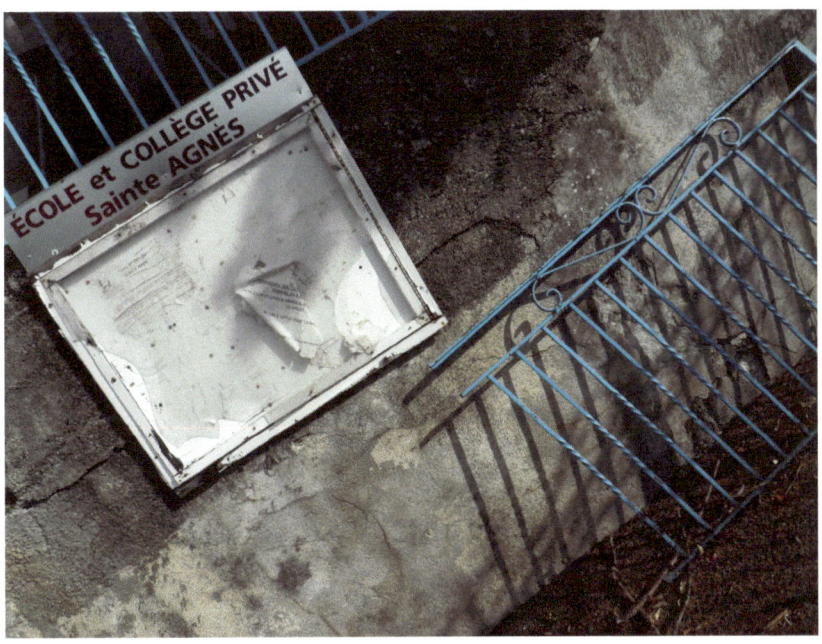

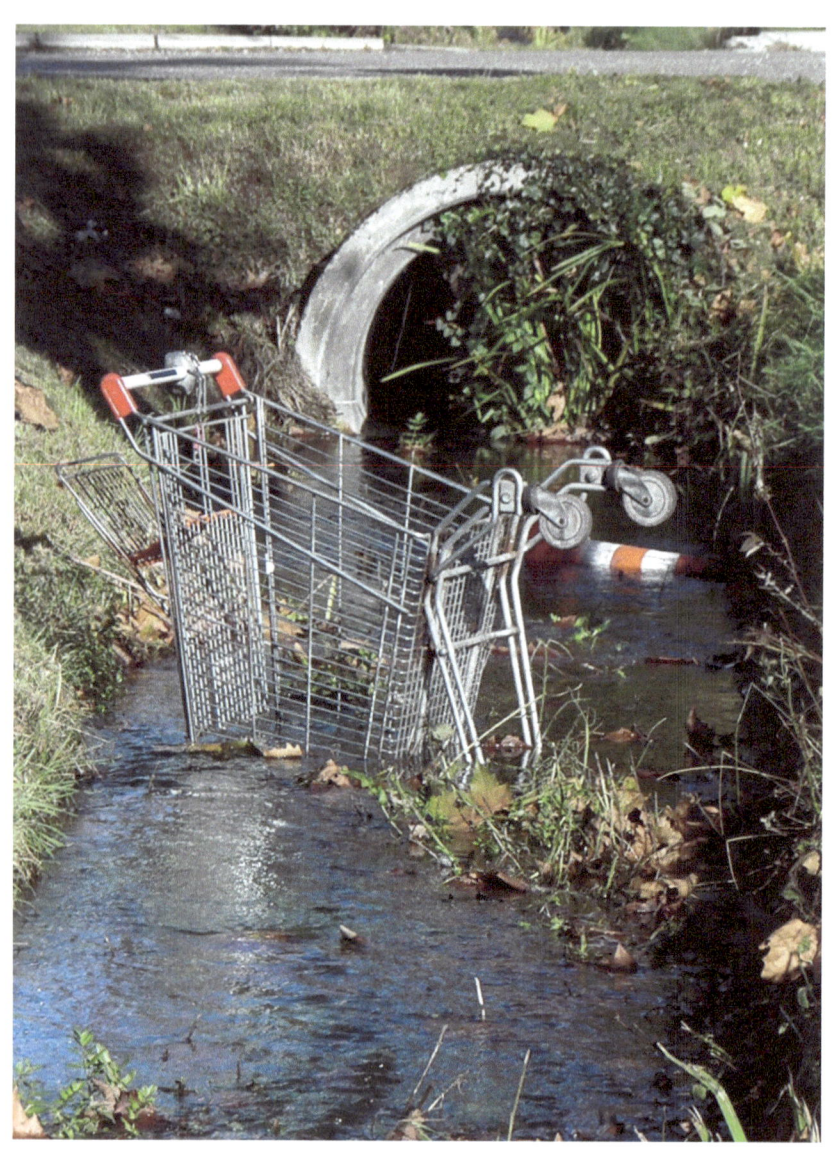

Les mousquetaires sont près du ruisseau...

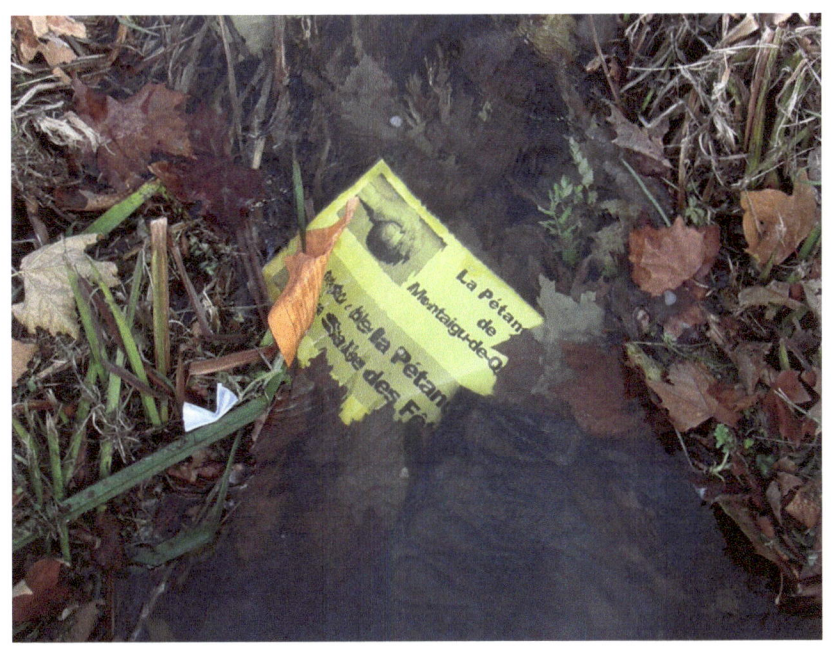

Tout tombe à l'eau ?

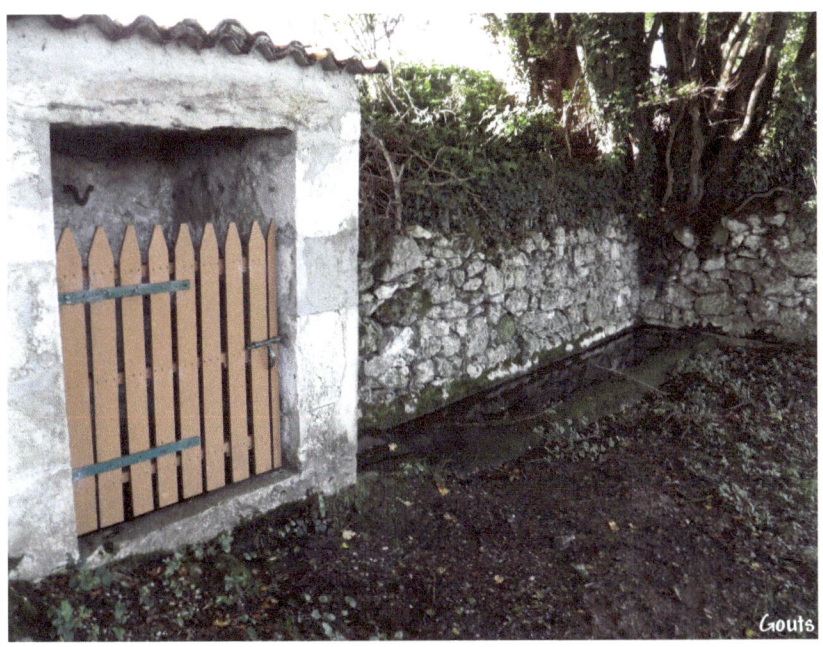

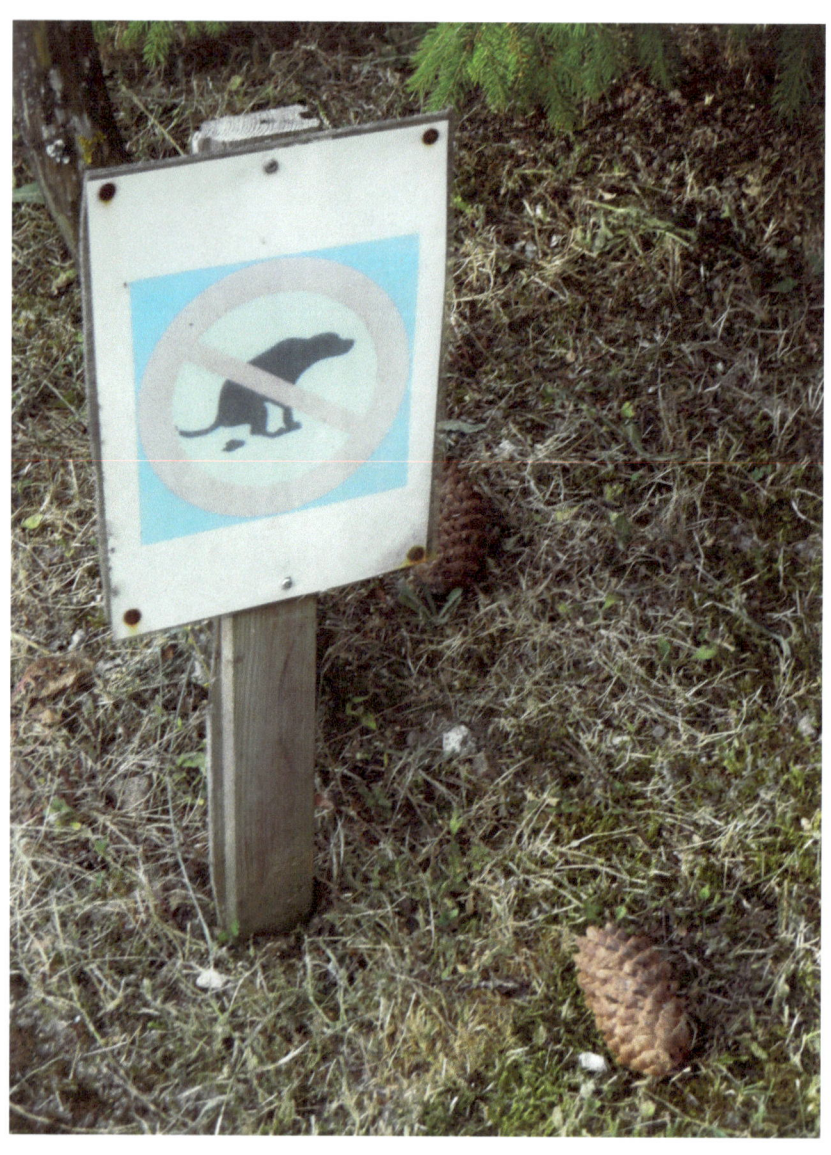

Ne pas confondre pommes de pin et... dessin de chien...

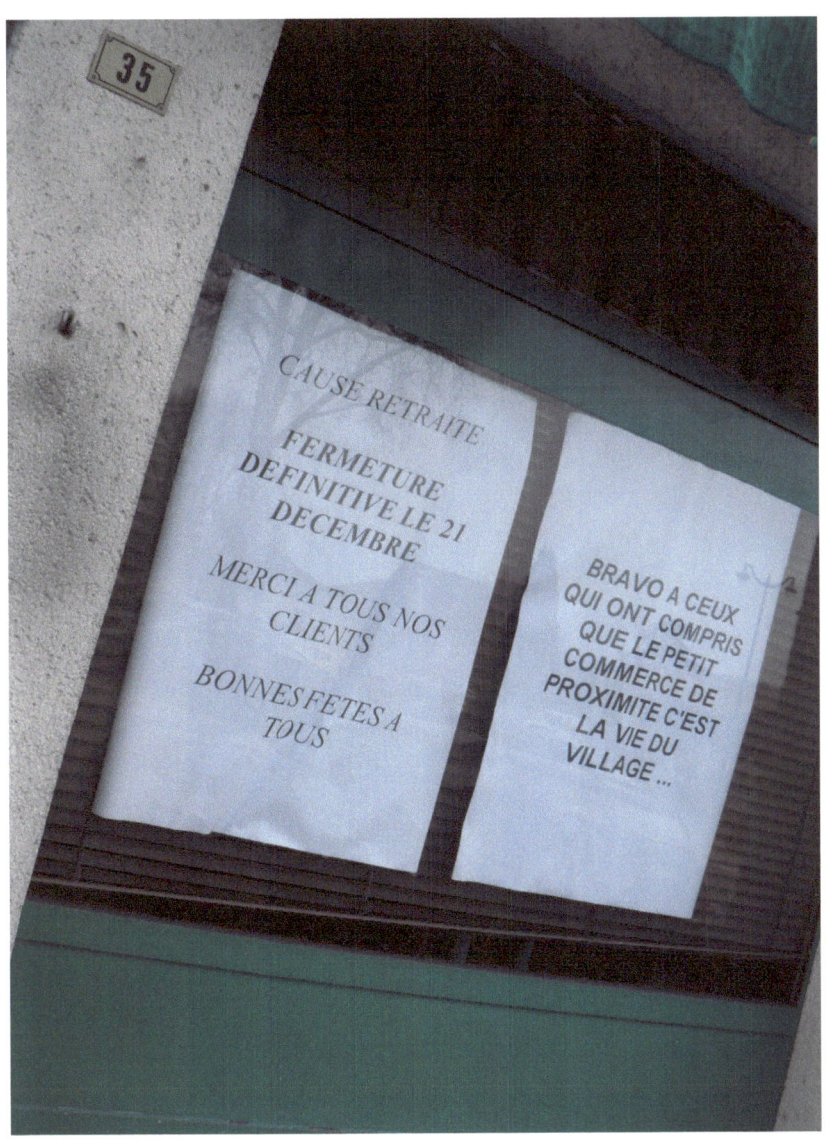

C'était en quelle année se demanderont les générations suivantes ? Alors un indice : à côté fut affiché le slogan « *je suis Charlie.* »

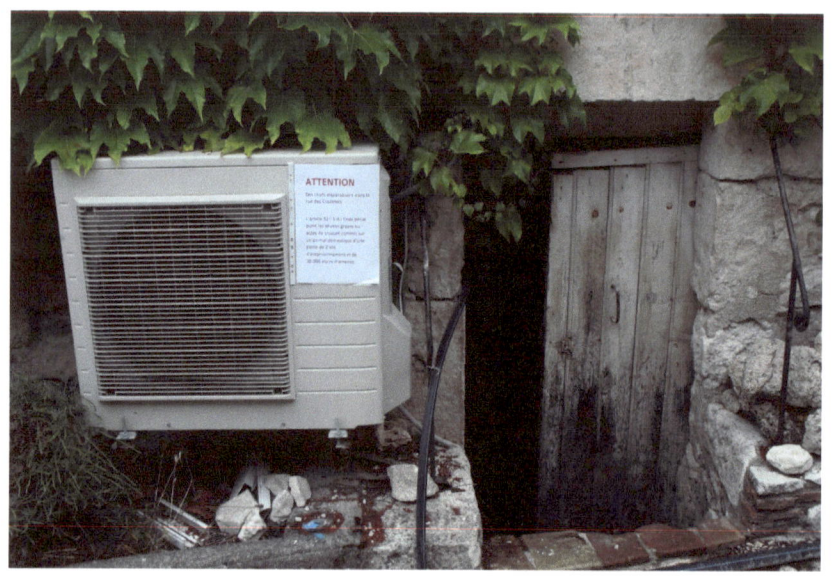

Continuons dans les messages aux passants...

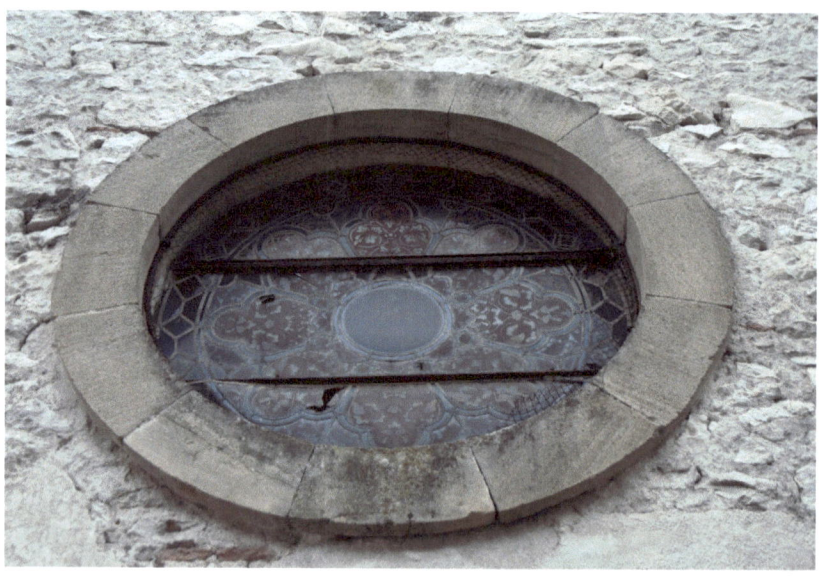

Onze églises et cette rosace figure ailleurs, un bâtiment dans la rue où des chats disparaissent en 2015...

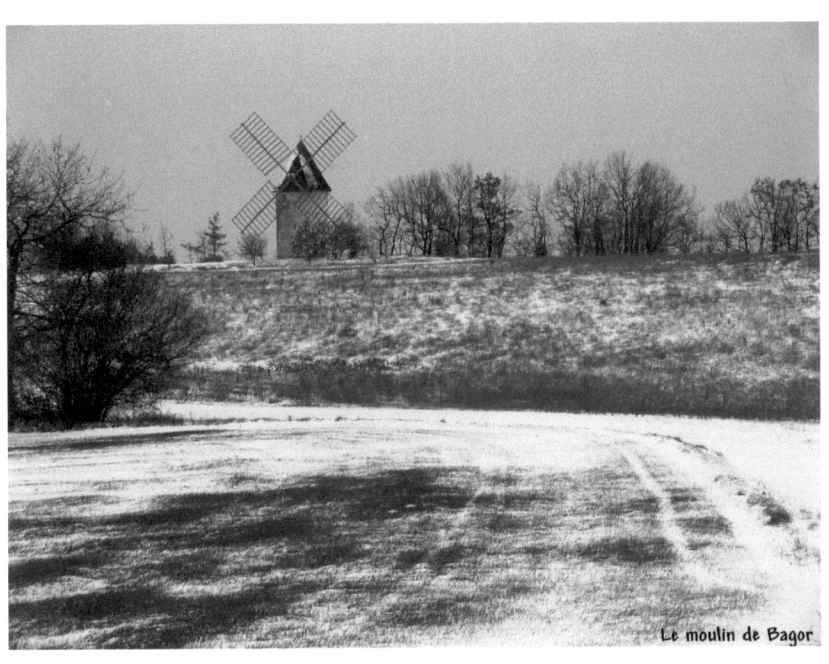
Le moulin de Bagor

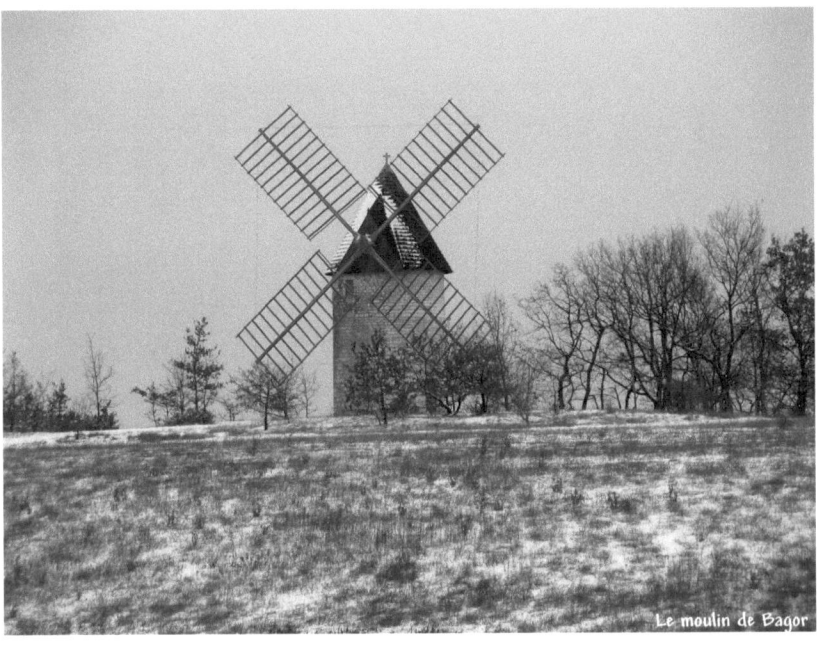
Le moulin de Bagor

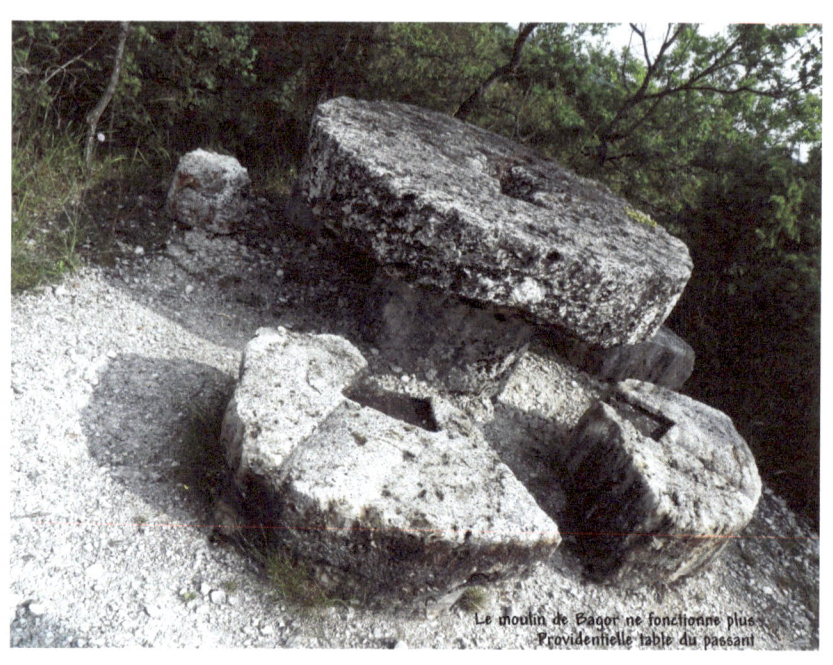

Le moulin de Bagor ne fonctionne plus
Providentielle table du passant

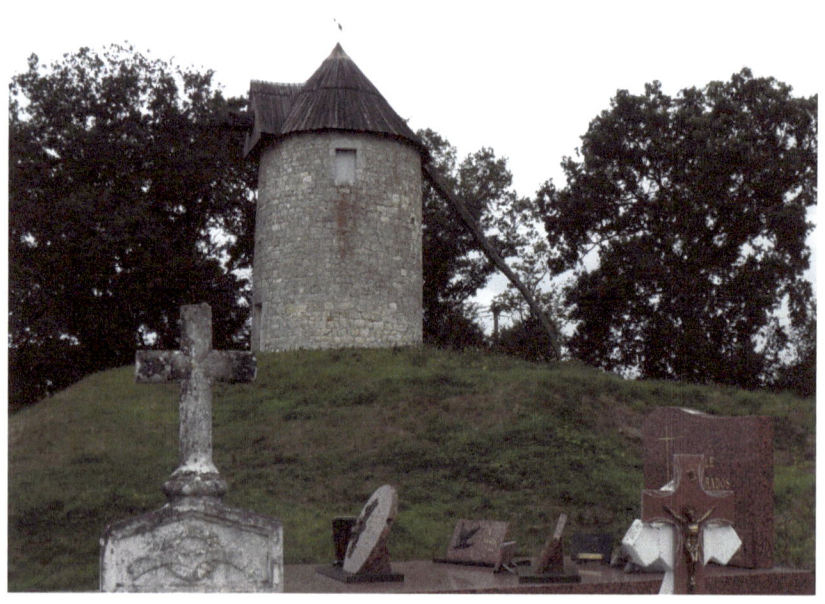

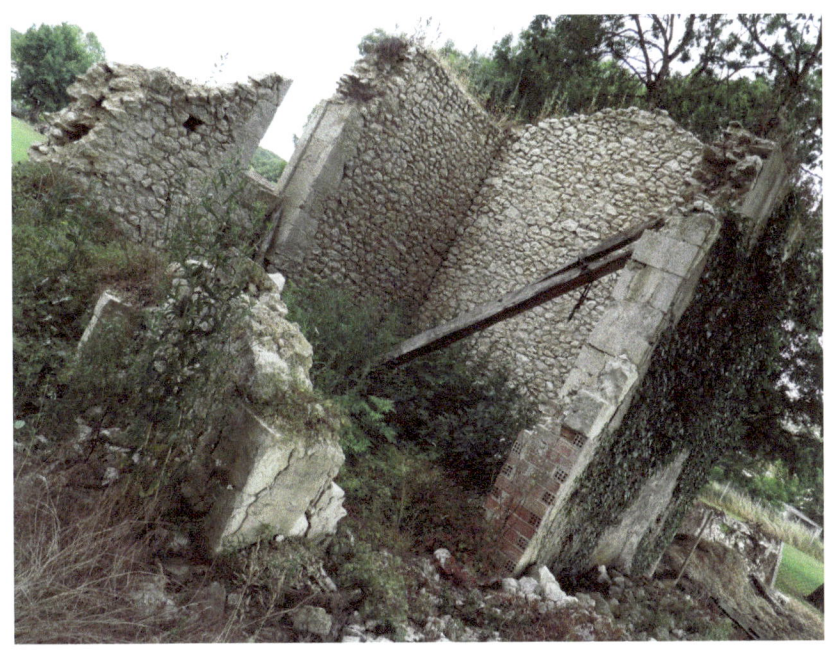

Les dernières pierres vont tomber ?

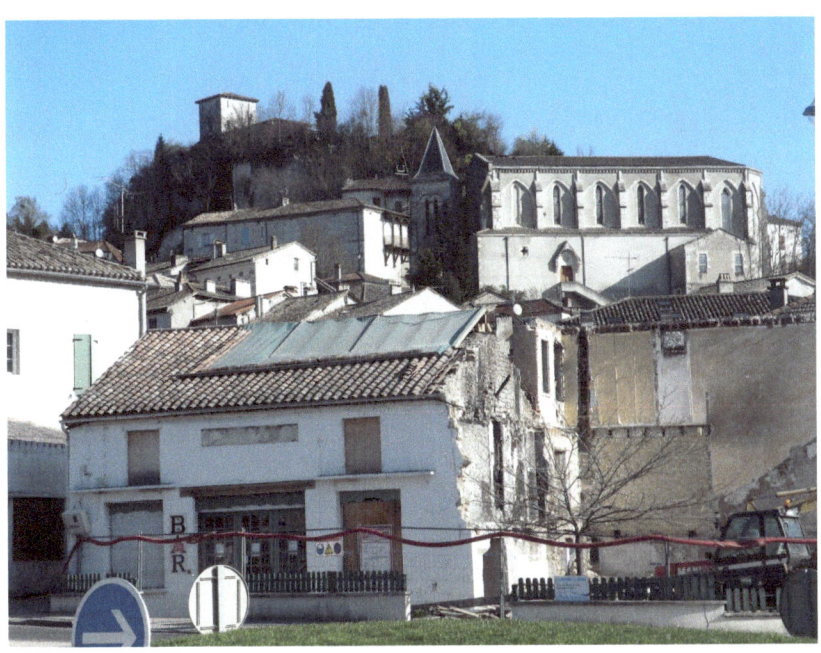

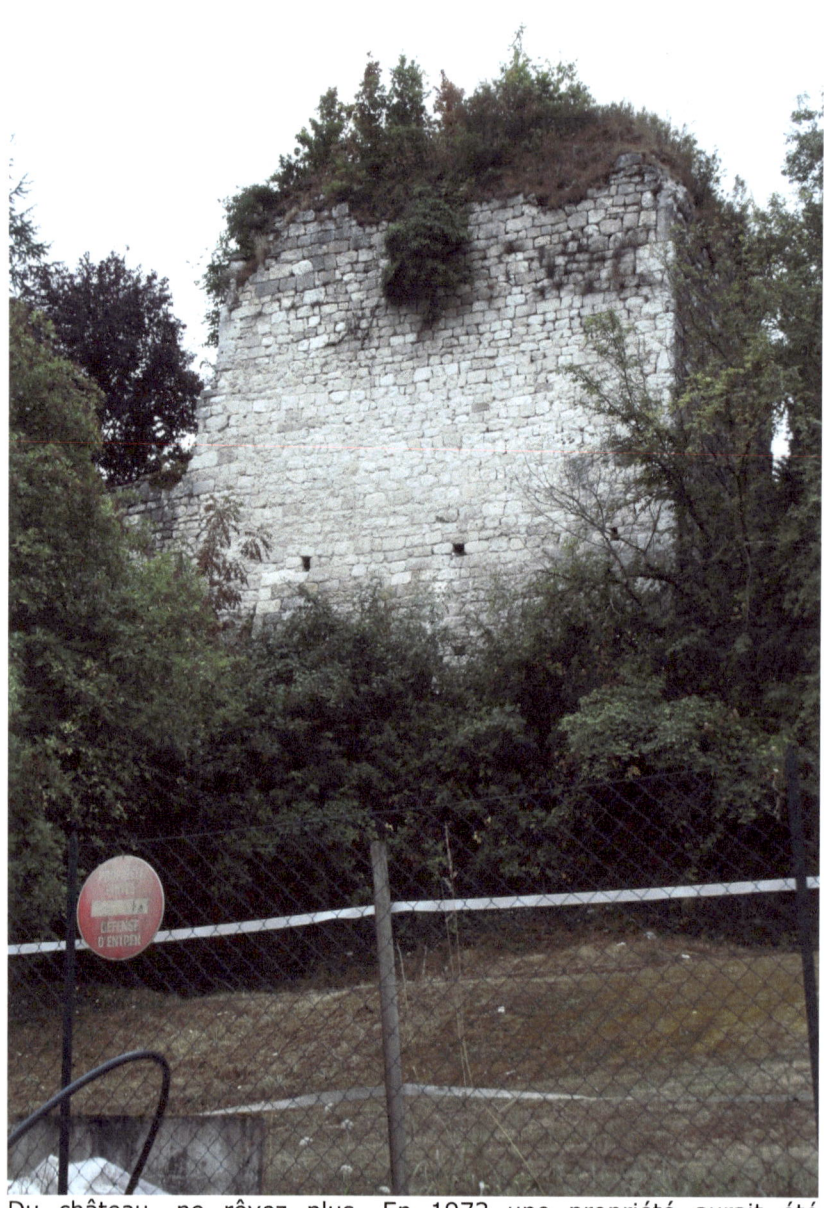

Du château, ne rêvez plus. En 1972 une propriété aurait été construite où il fut durant l'Histoire de Montaigu... Et du Monument Historique, seul les vestiges d'un mur subsistent, prétendu d'une épaisseur atteignant 2 mètres 30.

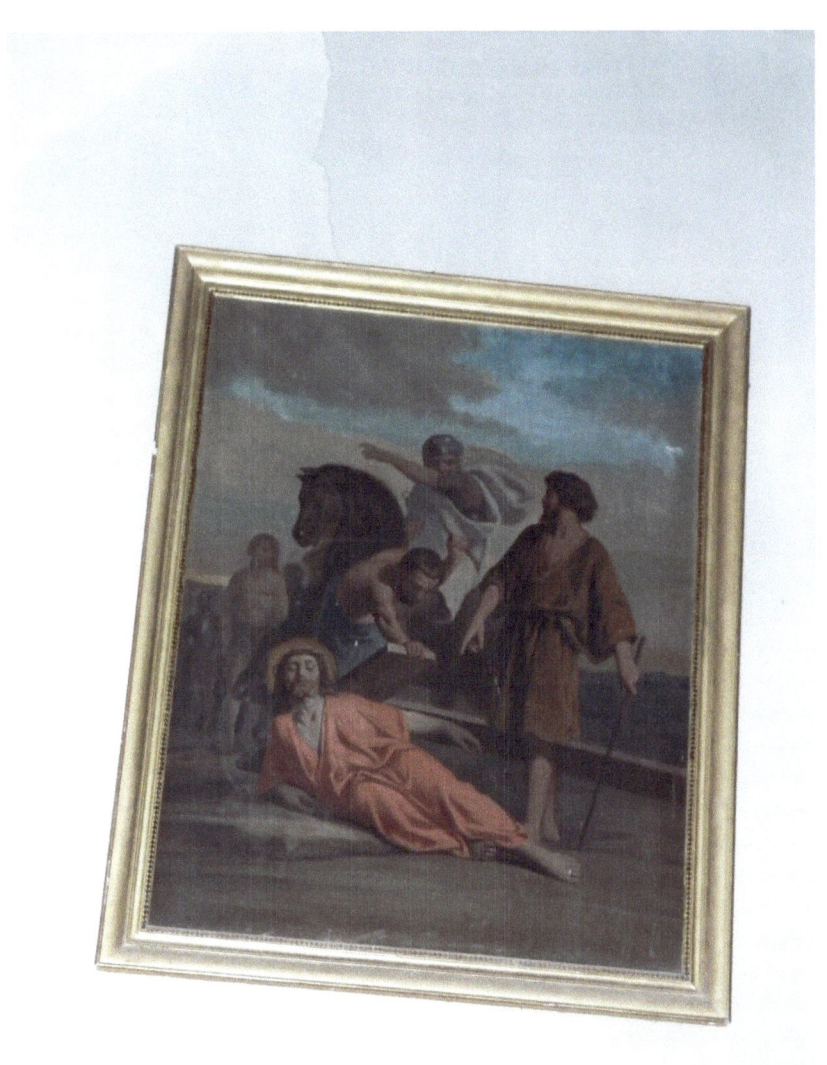

Eglise de Bournac

Le photographe n'est pas responsable de l'inclinaison.

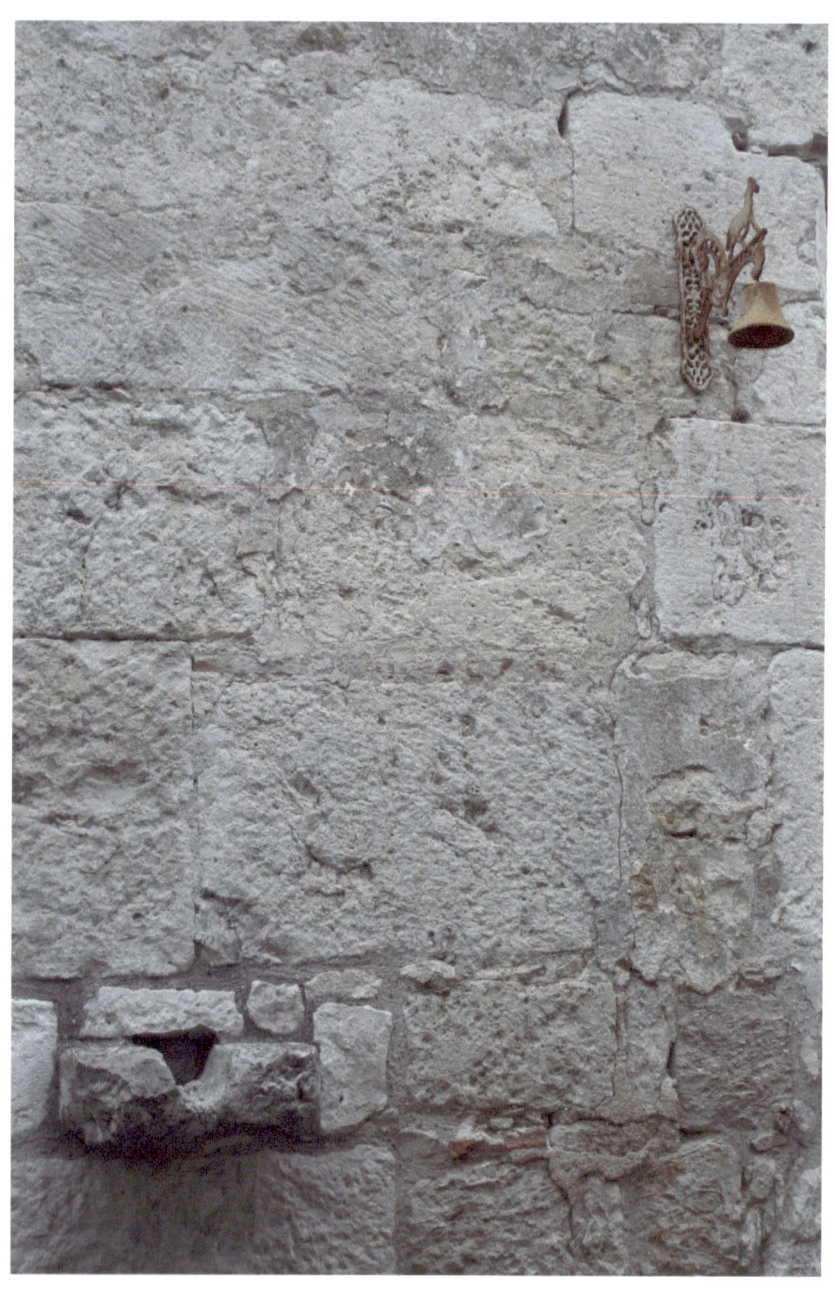

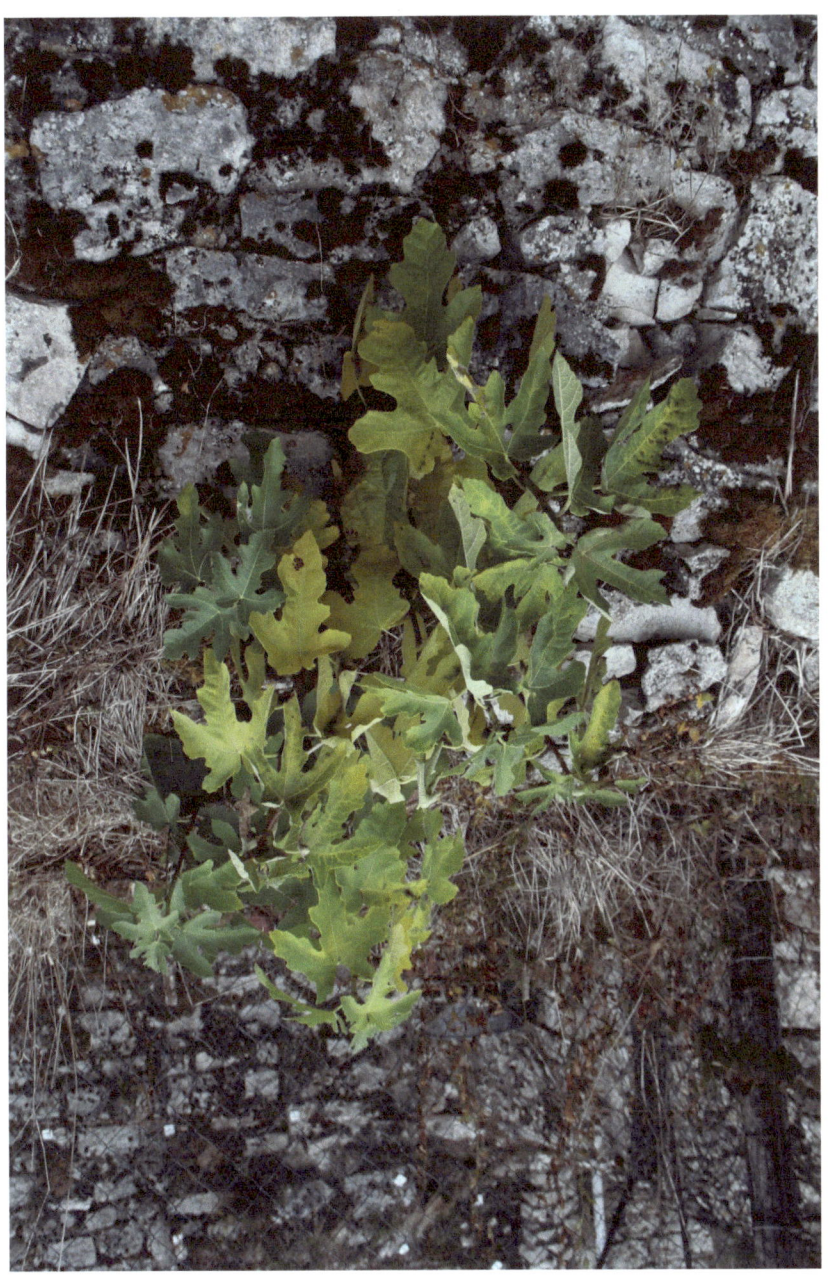

Les figuiers poussent même dans la pierre...

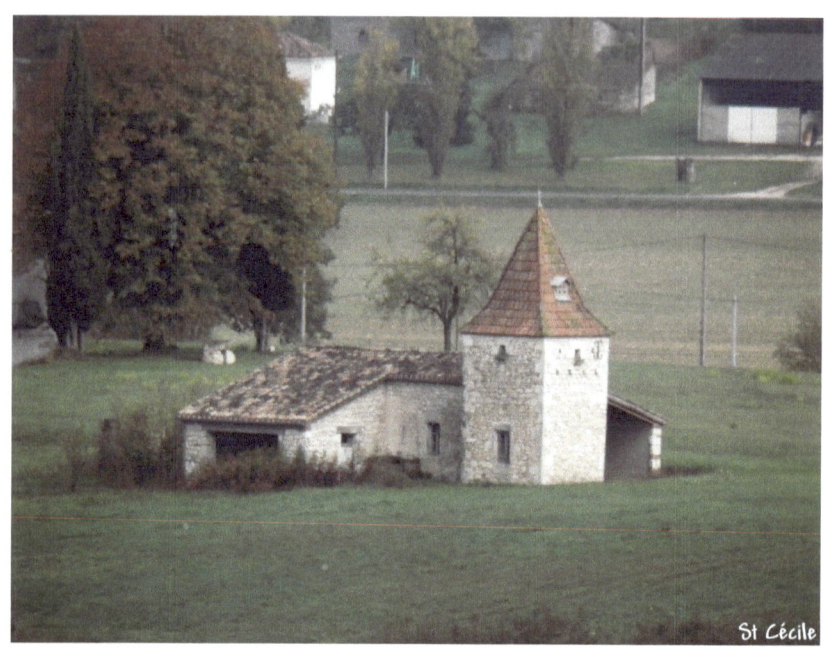
St Cécile

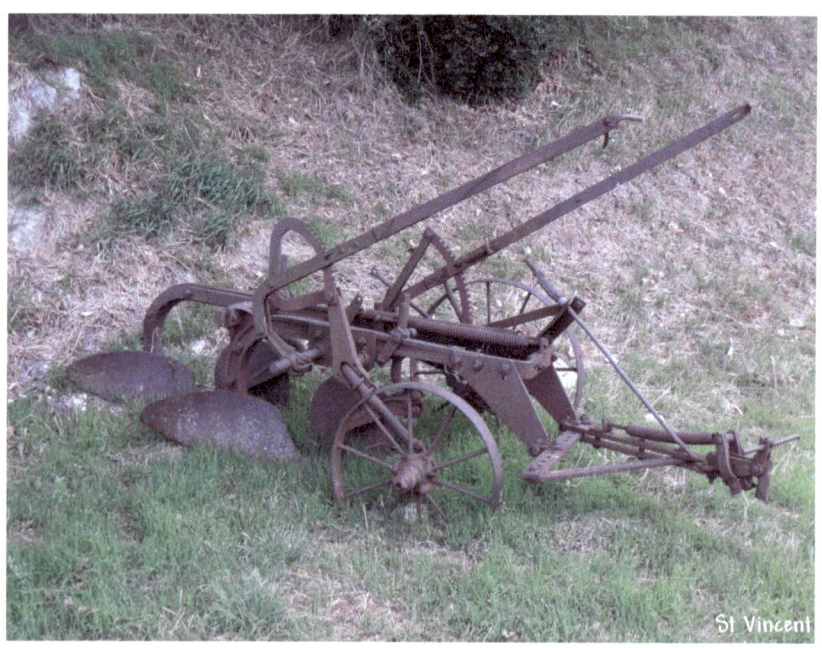
St Vincent

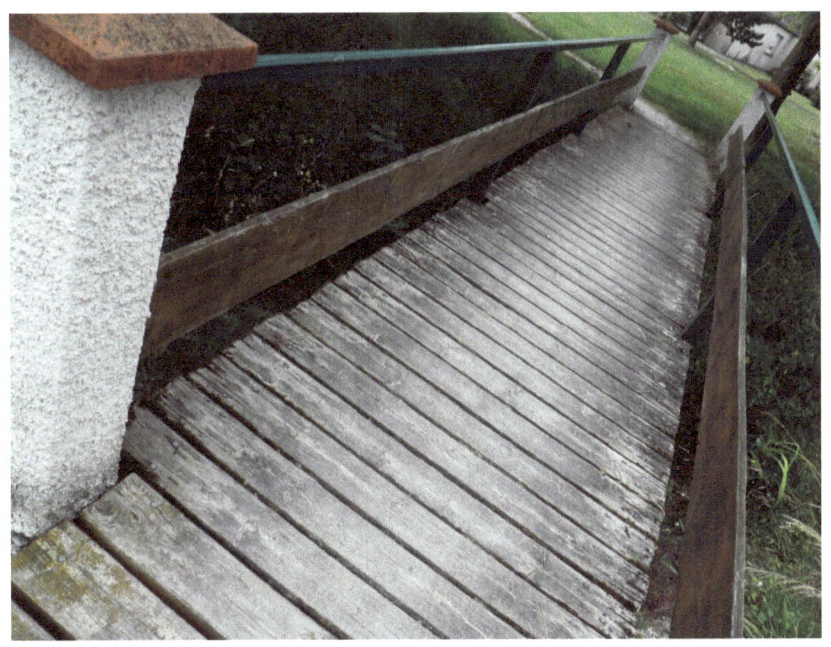

Il y a toujours un pont...

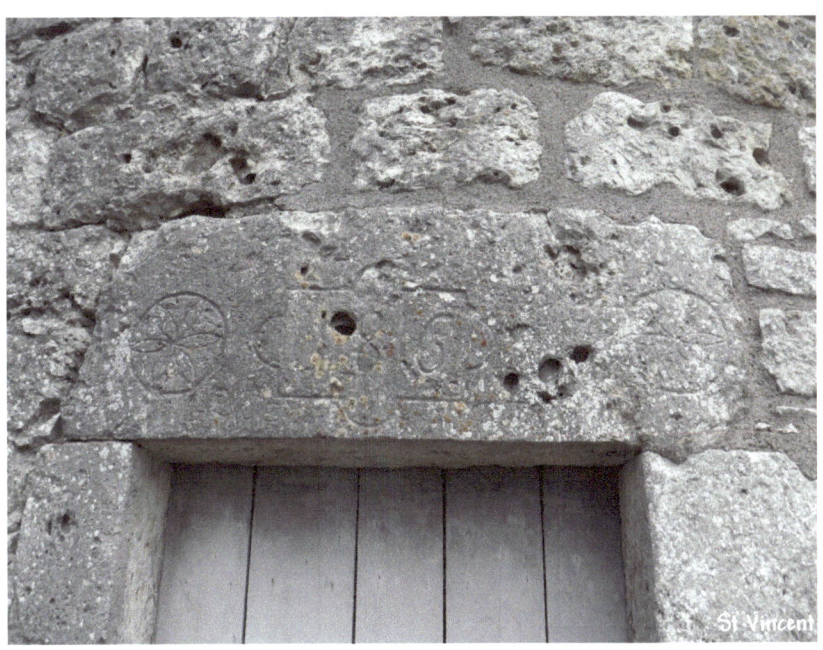

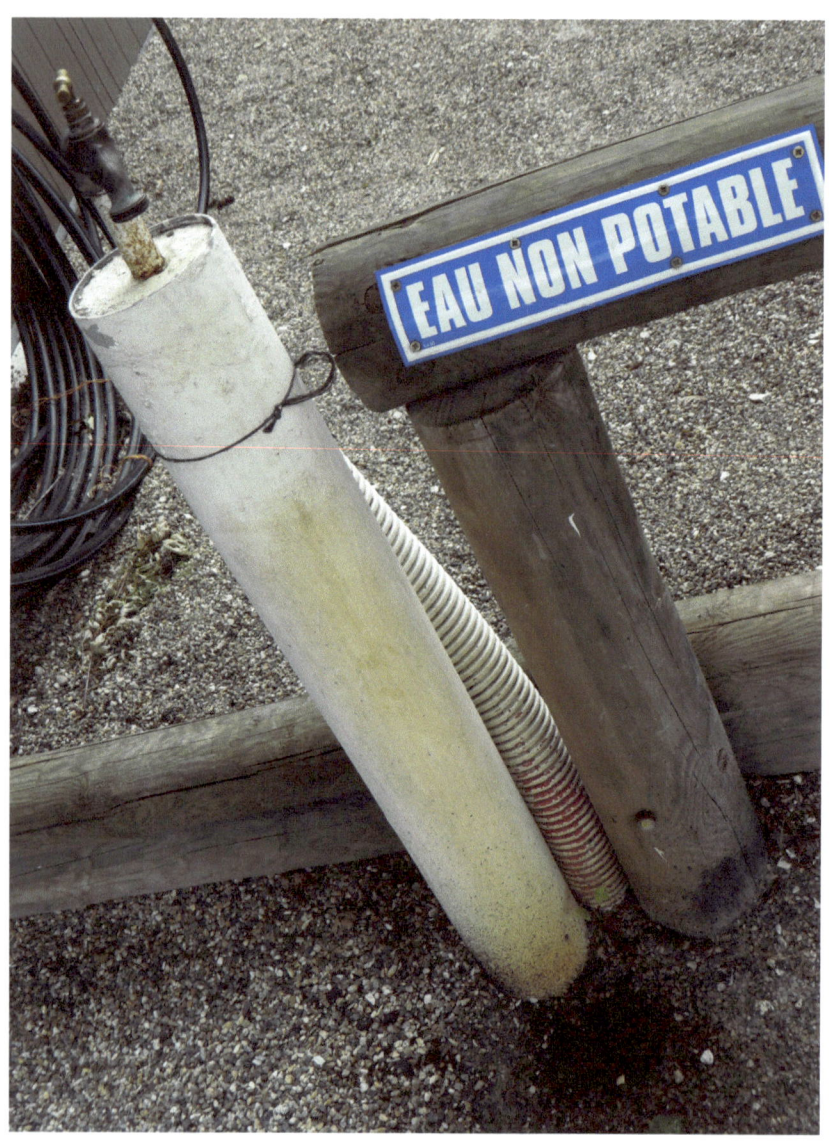

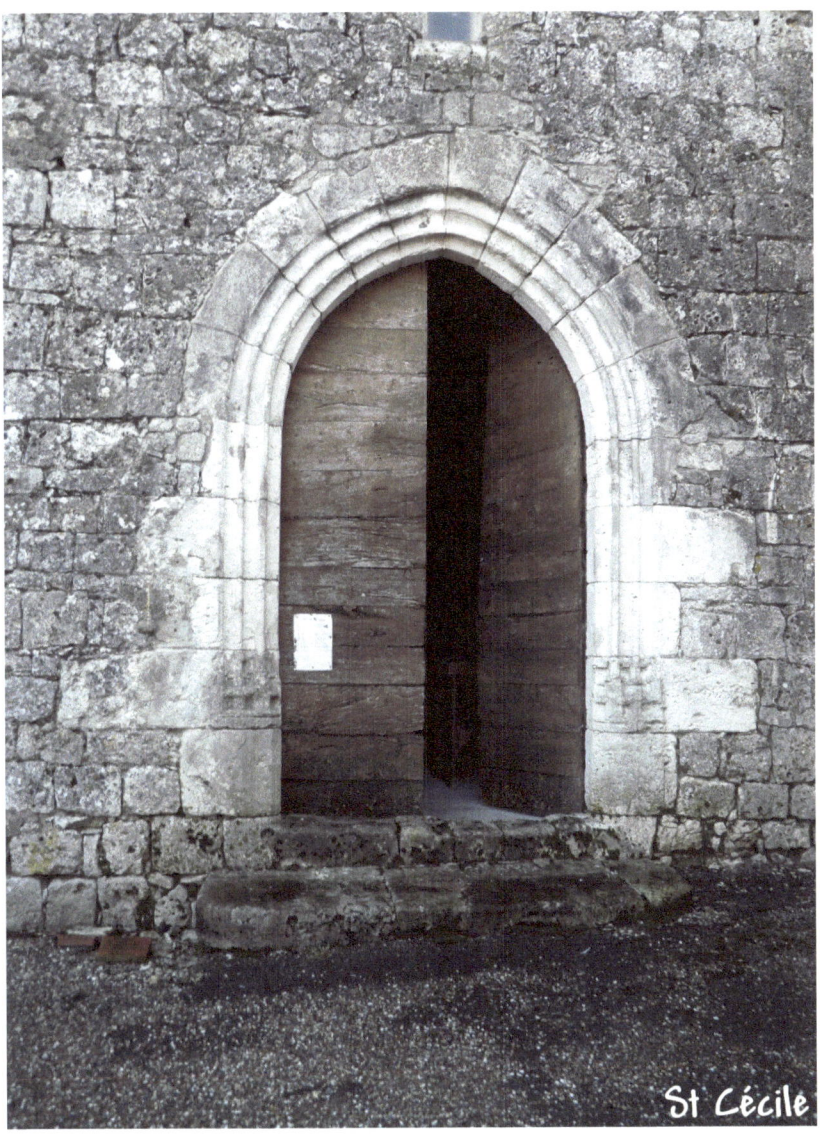

Oui, je suis entré dans les onze églises... Le plus souvent la porte est fermée et il convient de trouver la bonne personne...

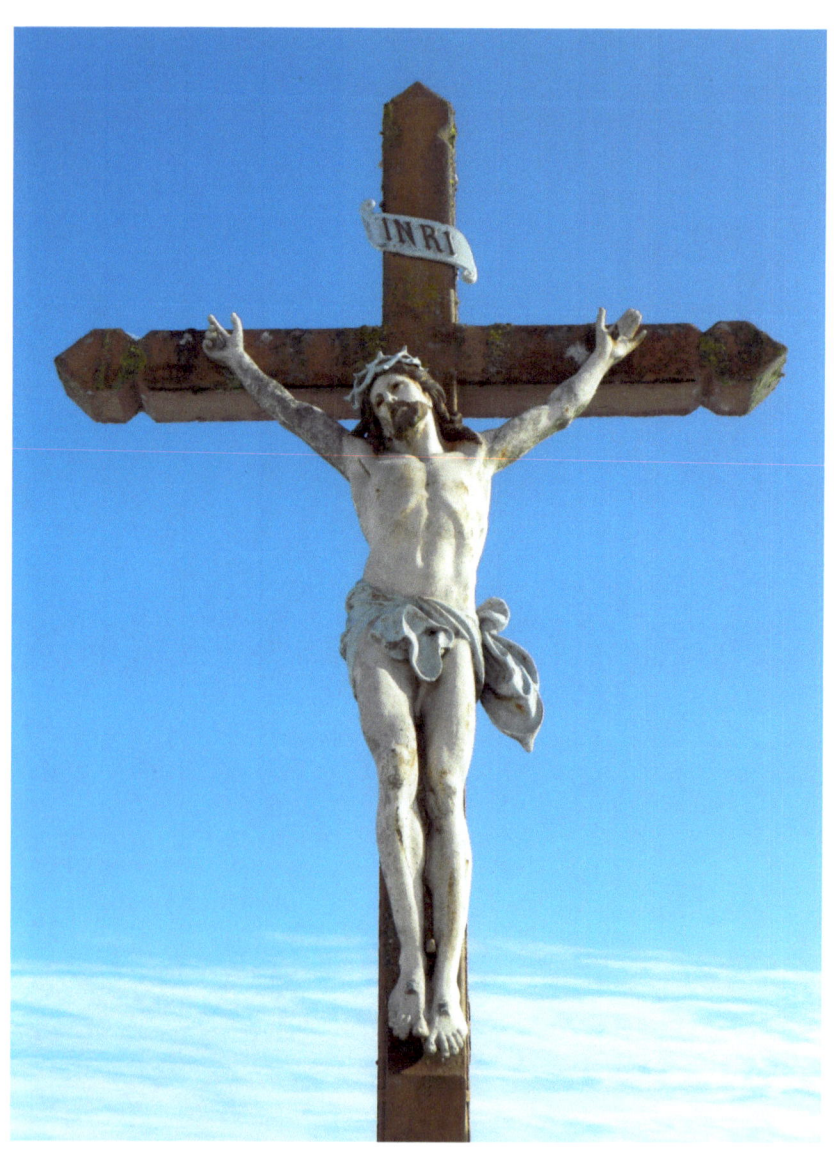

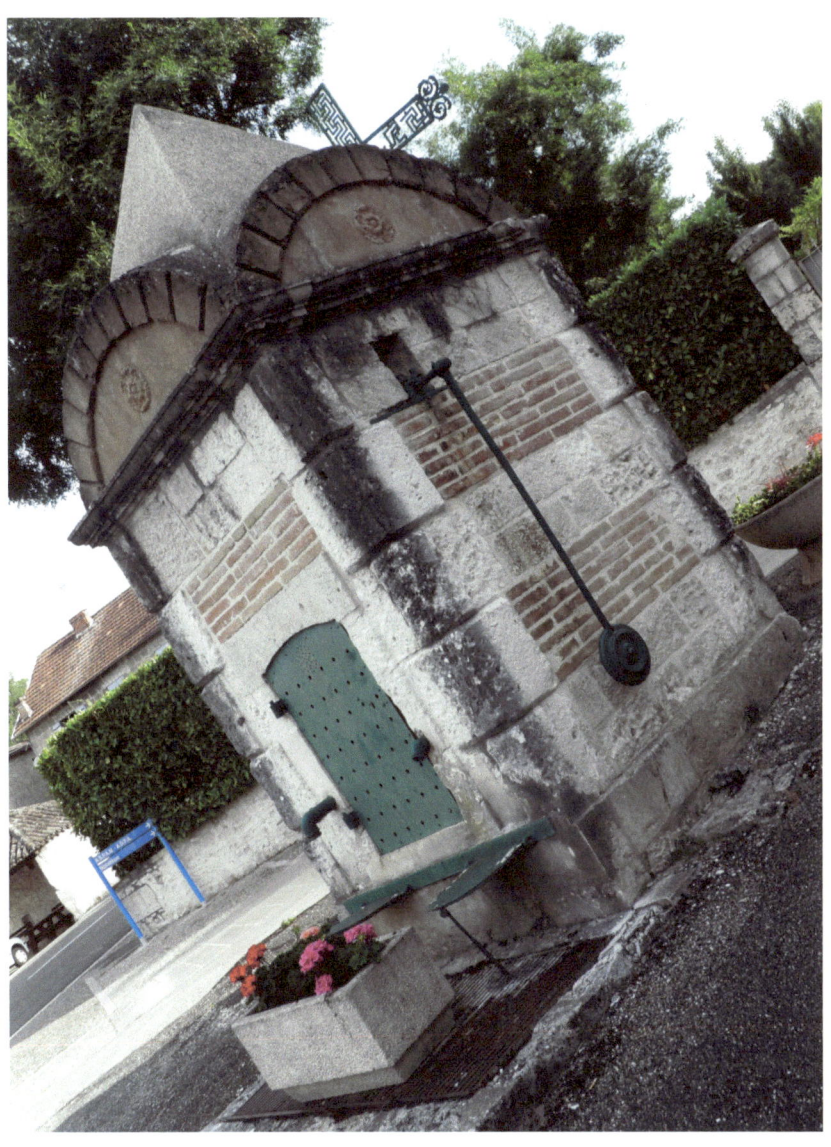

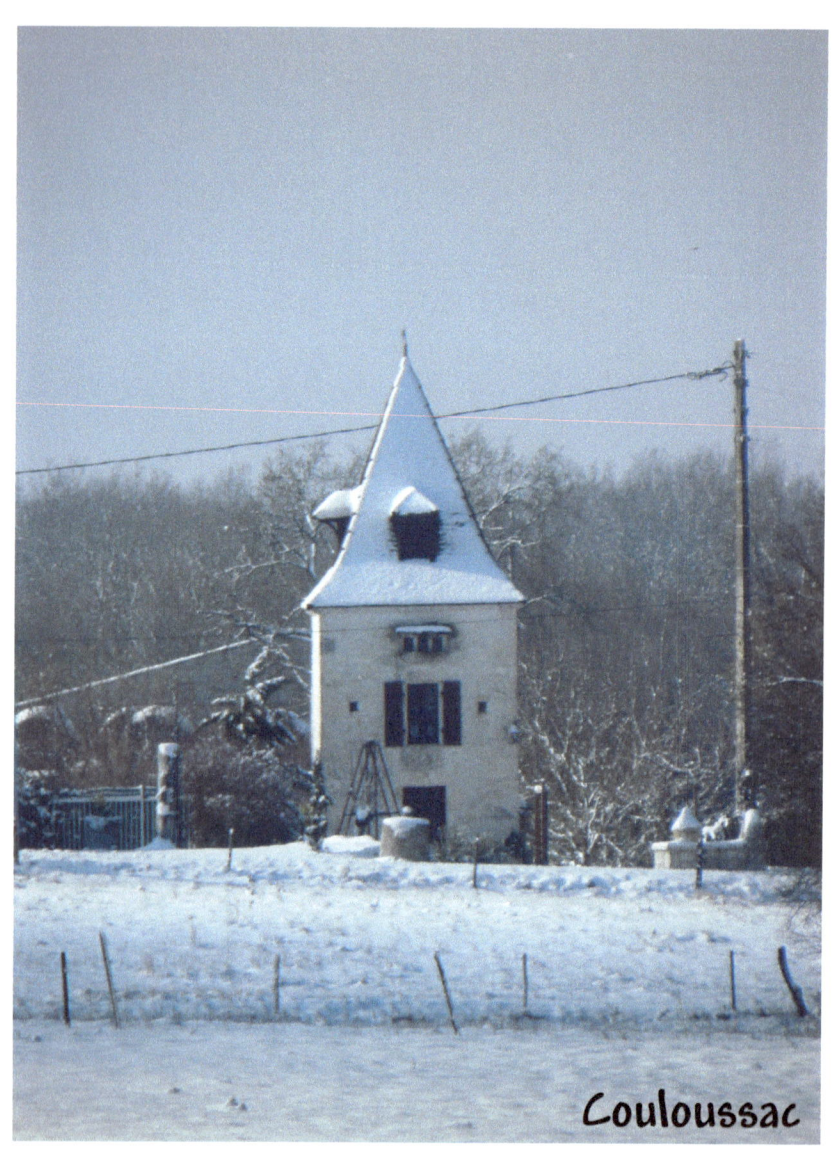

Auteur

Né en 1968, il publie depuis 1991, d'abord sous son nom de naissance puis sous divers pseudonymes, éditeur indépendant depuis son premier livre.

Dès 2004, il a proposé des livres numériques, en PDF. Mais c'est en 2011 seulement que les ventes dématérialisées ont démarré. Son catalogue numérique (depuis mi 2011 distribué par *Immateriel*) a ainsi rapidement dépassé celui du papier, grâce à des essais, des livres de photos... tout en continuant la lente écriture dans les domaines du théâtre et du roman. Depuis octobre 2013, et son « identifiant fiscal aux États-Unis », son catalogue papier tend à rattraper celui en pixels.

Il convient donc de nouveau d'aborder l'auteur sous le biais de l'œuvre. Ainsi, pour vous y retrouver, http://www.ecrivain.pro essaye de fournir une vue globale. Et chaque domaine bénéficie de sites au nom approprié :
http://www.romancier.org
http://www.parolier.org

http://www.essayiste.net

http://www.dramaturge.fr
http://www.lotois.fr

Vous pouvez légitimement vous demander pourquoi un auteur avec un tel catalogue ne bénéficie d'aucune visibilité dans les médias traditionnels. L'écriture est une chose, se faire des amis utiles une autre !

Mentions légales

Tous droits de traduction, de reproduction, d'utilisation, d'interprétation et d'adaptation réservés pour tous pays, pour toutes planètes, pour tous univers.

Site officiel : http://www.ecrivain.pro

Présentation des livres essentiels :
http://www.utopie.pro

Vous pouvez acquérir ces clichés au format originel du photographe, en droit de reproduction, exemplaires numérotés et signés, sur http://www.galerie.me

Dépôt légal à la publication au format ebook du 3 août 2015.

ISBN 978-2-36541-681-8
EAN 9782365416818

Montaigu de Quercy, en couleurs de **Stéphane Ternoise**
© **Jean-Luc PETIT - BP 17 - 46800 Montcuq France**

www.ingramcontent.com/pod-product-compliance
Lightning Source LLC
Chambersburg PA
CBHW040315220526
45473CB00009B/2448